Jost Auler

Archäologische Ausgrabungen in Dormagen

archaeotopos - Verlag Dormagen

Inhalt

Einleitung	S. 4
Geologie	S. 6
Forschungsgeschichte	S. 8
Altsteinzeit (ca. 1 Million Jahre bis 9.500 v. Chr.)	S. 10
Mittelsteinzeit (9.500 v. Chr. bis 5.500 v. Chr.)	S. 11
Jungsteinzeit (5.500 v. Chr. bis 2.000 v. Chr.)	S. 18
Bronzezeit (2.000 v. Chr. bis 800 v. Chr.)	S. 20
Vorrömische Eisenzeit (800 v. Chr. bis ca. 50 v. Chr.)	S. 24
Römische Kaiserzeit / Spätantike (ca. 50 v. Chr. bis 450)	S. 43
Frühes Mittelalter (450 bis 1050)	S. 73
Hochmittelalter (1050 bis 1250)	S. 88
Spätmittelalter (1250 bis 1500)	S. 95
Frühe Neuzeit (1500 bis 1789)	S. 98
Späte Neuzeit (1789 bis heute)	S. 101
Zusammenfassung	S. 110
Bildnachweise	S. 113
Anmerkungen	S. 115

Einleitung

Das vorliegende Buch[1] beschäftigt sich mit der langen frühen Geschichte der heutigen Stadt Dormagen bis hin in die historischen Epochen. Über diese – zumeist schriftlosen – Epochen legen alleine Bodenfunde Zeugnis ab, d. h. archäologische Befunde und Funde. Unser ansprechend – und mit 73 Illustrationen im Buchblock umfangreich – bebilderter Text ist chronologisch gegliedert; er kann natürlich nicht alle Fundstellen und Fundobjekte vorstellen, sondern präsentiert vielmehr eine attraktive Auswahl der aussagekräftigsten Erkenntnisse aus dem gesamten Stadtgebiet. Dabei finden alle heute zur Stadt Dormagen gehörenden Ortsteile Beachtung und der Text ist allgemeinverständlich verfasst. Er listet aber für den interessierten Laien und die Wissenschaft jeweils die aktuelle und einschlägige Fachliteratur auf, der die Verweise auf die ältere und weiterführende Literatur entnommen werden können. Dies geschieht natürlich der wissenschaftlichen Überprüfbarkeit wegen, aber auch, um der geneigten Leserschaft den Zugang zur Fachliteratur der verschiedenen Archäologien Dormagens zu öffnen.

Der Autor beschäftigt sich seit vielen Jahren mit der regionalen und lokalen Archäologie und Geschichte des Stadtgebietes von Dormagen; er hat zu ausgewählten Themen zahlreiche Aufsätze und einige Bücher publiziert. Aus diesem Grunde spiegeln die ausführlicheren Abschnitte des folgenden Textes natürlich sehr persönliche historische Interessens- und auch Forschungsschwerpunkte wieder.

Aber der Inhalt dieses Buches zeigt auch deutlich die Grabungsschwerpunkte der letzten Dekaden, etwa die intensiven Ausgrabungen des Rheinischen Amtes für Bodendenkmalpflege (Bonn) im Landschaftsverband Rheinland im Römerlager Durnomagus.

Und natürlich ist diese Darstellung abhängig von der Überlieferung der dinglichen Hinterlassenschaften unserer Vorfahren; allgemein sind beispielsweise Siedlungen aus der Bronzezeit am Niederrhein nur selten überliefert und dem Prähistoriker liegen nur einzelne Fundstücke vor.

Der Text versteht sich als eine Einladung zu einer Reise in die spannende Vergangenheit von Dormagen, bei der schlaglichtartig beispielhafte Einblicke in die verschiedenen Epochen geboten werden.

Geologie

Das Stadtgebiet von Dormagen wird im Osten durch den Verlauf des Rheines begrenzt. Flankiert wird der Strom von der Rheinaue und verschiedenen holozänen Terrassen. Es schließt sich im Westen die teils lebhaft gegliederte Jüngere Niederterrasse (NT3 nach Schirmer 1990) an; ihre Entstehung datiert aufgrund der enthaltenen Tephra des Laacher See-Ausbruches am Ende des Alleröds um 10.900 v. Chr. in die Klimaphase der Jüngeren Dryaszeit ab 10.650 v. Chr. Diese Jüngere Niederterrasse verläuft im Bereich von St. Peter bis Zons ungefähr parallel zur Bundesstraße 9 (B 9). Den Rücken dieser NT3 sind häufig Dünen wie die Zonser Heide oder der Wahler Berg aufgesetzt, die wie die Jüngere Niederterrasse ebenfalls noch jüngerdryaszeitlich sind. Westlich der B9 erstreckt sich die Ältere Niederterrasse (NT2 nach Schirmer 1990). Flugsande, die südöstlich von Delrath, unmittelbar östlich der Raststätte der Bundesautobahn 57 (BAB 57) datiert wurden und stratigrafisch der Älteren Niederterrasse auflagern, sind präallerödzeitlich (Klimastufe Alleröd); dies passt zwanglos zur Datierung der unterlagernden Terrassensedimente. Ob die nun in das beginnende Spätglazial oder noch ins Hochglazial datieren, ist bisher nicht geklärt. Um Gohr grenzt die Mittelterrasse 3 (MT3) unmittelbar an die Ältere Niederterrasse. Zahlreiche Dellentäler ziehen von der Oberfläche dieser Terrasse nach Osten über die Terrassenstirn hinab; sie enthalten alle eine Füllung aus u. a. verlagertem Löß (Abb. 1 a-b). Die Oberfläche der MT3 liegt hier, soweit erhalten, bei durchschnittlich 63 m über Normal-Null (NN), das sind etwa 20,5 m über der Niederterrasse 2 bzw. 35,5 m über dem Rheinspiegel[2].

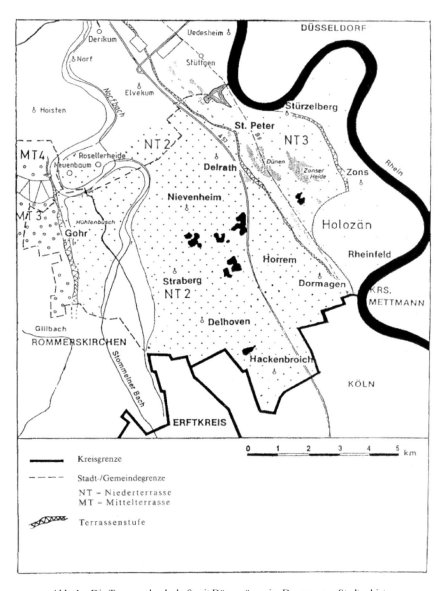

Abb. 1a: Die Terrassenlandschaft mit Dünenzügen im Dormagener Stadtgebiet.

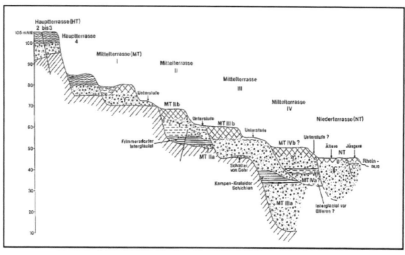

Abb. 1b: Schnitt nördlich von Köln: MT, NT 2 und NT 3 und Rheinaue (rechts).

Forschungsgeschichte

Die lithischen Epochen des Stadtgebietes, also die Steinzeiten, wurden durch eine Gebietsaufnahme durch Johanna Brandt[3] erfasst. Der Verfasser widmete sich intensiv und mehrfach einem mittelsteinzeitlichen Fundplatz bei Gohr-Broich und einem etwa gleich alten Ur-Skelett aus Straberg[4]; auch mehrere wissenschaftlich ergrabene Siedlungsstellen der vorrömischen Eisenzeit erweckten sein Interesse[5]. Gustav Müller[6] und dann Michael Gechter[7] beschäftigten sich intensiv mit den Bodenfunden aus der Römerzeit, insbesondere mit der Kaserne in der Dormagener Innenstadt, einem Landgut in Nievenheim[8] sowie einem Gräberfeld in Hackenbroich[9]. Eine Nekropole in Zons[10] untersuchte der Verfasser ebenso, wie er die Geschichte der in Dormagen stationierten Kavallerieeinheit[11] erforschte. Fränkische Fundstellen in Gohr, Zons und Dormagen behandelte Frank Siegmund[12]. Eine mittelalterliche bis neuzeitliche Wüstung (Balgheim) untersuchte Ursula Francke[13]; Jennifer Gechter-Jones[14] und Günther Binding[15] führten Ausgrabungen in den Pfarrkirchen von Nievenheim und Dormagen durch. Zwei Aufsätze des Autors thematisieren die archäologische Forschung in Dormagen und ihre Ergebnisse, geben aber jeweils nur je eine grobe Übersicht[16]. Der Verfasser hat zudem für nahezu alle Stadtteile eine archäologische Gebietsaufnahme publiziert: Stürzelberg und Zons[17], Rheinfeld[18], Delrath[19], Delhoven, Hackenbroich und Hackhausen[20], Gohr und Broich[21], Horrem[22] sowie Straberg[23]. Aber auch zu Nievenheim[24] liegen Zusammenstellungen der Bodenfunde vor; eine solche fehlt lediglich für Dormagen-Mitte.

Abb. 2: Jagd und Fischfang auf einem Lebensbild vom Ende der Eiszeit (Detail).

Altsteinzeit (ca. 1 Million Jahre bis 9.500 v. Chr.)

Hackenbroich

Nur wenige Funde aus dem Paläolithikum, der Altsteinzeit, liegen bisher aus dem Gebiet der heutigen Stadt Dormagen vor; dies erklärt sich zwanglos durch die Geologie. Es kann aber davon ausgegangen werden, dass die eiszeitlichen Wildbeuter unseren Betrachtungsraum im Rahmen der Fischwaid am damals noch deutlich breiteren, flacheren und von Sandbänken und Kiesinseln geprägten Rhein (Abb. 2) aufsuchten oder im Rahmen von Jagdzügen auf Rentiere und Wildpferde die hiesige Kältesteppe durchschweiften. Als Beleg mag eine Stielspitze aus grauem Feuerstein[25] gelten, die von einem Privatsammler etwa einen Kilometer nordöstlich des

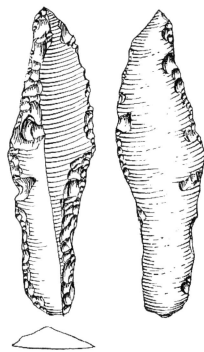

Abb. 3: Stielspitze (1698/2) aus Hackenbroich. Pfeilprojektil aus Feuerstein (Länge = 6,2 cm).

Dünengeländes des Tannenbusches bei Hackenbroich aufgelesen worden ist; das singuläre Fundstück (Abb. 3) ist 6,20 cm lang. Stielspitzen sind typische Bogenpfeilbewehrungen der späteiszeitlichen Jäger-, Fischer- und Sammlerpolulationen.

Mittelsteinzeit (9.500 v. Chr. bis 5.500 v. Chr.)

Straberg

Bos primigenius BOJANUS 1827, der Ur oder Auerochse, war neben dem Wisent das größte nacheiszeitliche Säugetier Eurasiens. Bevorzugte Biotope des standorttreuen, thermophilen und gesellig, in kleinen Rudeln lebenden Boviden waren offene, lichte und auch dichtere Wälder mit angrenzendem flachen Grasland sowie von Bäumen nur spärlich bewachsene Fluss- und Talauen, wie sie im Holozän durchweg gegeben waren. Seine Nahrung bestand aus Gräsern, Kräutern, Zweigen, Laub und Knospen. Hauptpaarungszeit waren der August und der September; nach einer Tragezeit von neun Monaten wurden im Mai bis Juni die Kälber gesetzt. Der Auer existierte bis in historische Zeit; die intensive Rodung, Urbarmachung und Nutzung der natürlichen bewaldeten Umwelt im hohen Mittelalter führten zu einer deutlichen Verdrängung dieses jagdbaren Wildes. Während sich einige Tierarten leicht an die neu entstandene Kulturlandschaft gewöhnen konnten, ja sogar manchmal davon profitierten (Kulturfolger), zogen sich andere Wildtiere – so auch der Ur – immer weiter zurück (Kulturflüchter). Dabei scheint der Auerochse aus dem Rheinland von Westen und Süden fortschreitend nach Osten und Norden aus der freien Wildbahn zurückgedrängt worden zu sein. Die Ausrottung der Spezies war also das Ergebnis der Bejagung und der kontinuierlichen Einengung ihres natürlichen Lebensraumes. Die letzte Urkuh starb im Jahre 1627 im bewaldeten Reservat von Jaktorow, südwestlich von Warschau.

Aus dem Bruchwaldtorf am ehemaligen Forsthaus am Sandweg in Straberg[26] stammt das Skelett eines solchen Großrindes. Es wurde 1993 entdeckt; geborgen werden konnte die vordere linke Extremität des Boviden (Humerus, Metacarpus und Phalangen)[27], die im anatomischen Zusammenhang aufgefunden wurde. Es kann davon ausgegangen werden, dass der Rest des Skelettes noch im Boden konserviert ist. Anthropogene Spuren im Zusammenhang mit diesem Skelett wurden nicht beobachtet; dies verwundert nicht, hatte doch keine wissenschaftliche Ausgrabung, sondern nur eine Notbergung in einer Baugrube stattgefunden. Es handelt sich bei dem Fund um einen Stier (Abb. 4); sein Alter kann mit mindestens ungefähr vier Jahren angegeben

Abb. 4: Mesolithischer Waldjäger mit Haushund und Auerochsen im lichten Auenwald.

werden. Die Widerristhöhe liegt zwischen 1,50 m und 1,61 m. Der Fund stammt von der Niederterrasse (NT 2); er wurde in 2,10 m Tiefe im Torf angetroffen. Das Knochenmaterial wurde aus einer massiven Schicht von Haselnussschalen geborgen. Eine Torfprobe erbrachte eine absolute ^{14}C-Datierung; dieser zufolge gehört das Skelett in die zweite Hälfte der Klimaphase des Boreals (8.700 - 7.300 v. Chr.), auch Hasel-Kiefer-Zeit genannt. Das kalibrierte Datum liegt knapp vor 7.000 v. Chr. Eine ebenfalls durchgeführte Pollenanalyse, die Bestimmung der Holzreste und die Untersuchung der pflanzlichen Großreste lassen eine Rekonstruktion der damaligen Umwelt zu.

Der Befund von Straberg kann wie folgt interpretiert werden. Sämtliche vollständige oder nahezu kompletten Funde von Auerochsenskeletten in Mitteleuropa zeigen Spuren prähistorischer Jagdaktivitäten und ein recht einheitliches Muster: Von mit Pfeilbogen und Speeren bewaffneten Wildbeutern waidwund geschossene Auerochsen flüchteten zur Wundkühlung und -heilung in die Uferbereiche von nahe gelegenen Seen, Mooren oder Sümpfen. Unerreichbar für die verfolgenden Jäger, verendeten sie dort aufgrund der Verletzungen und sedimentierten in der Folgezeit ein. Erfolgreich erbeutete Ure dagegen wurden komplett zerlegt und finden sich im steinzeitlichen Siedlungsabfall; lediglich krank geschossene Ure finden sich gelegentlich als komplette Skelette. Nicht auszuschließen, wenngleich auch recht unwahrscheinlich, ist die Möglichkeit, dass der gesunde junge Stier von Straberg eines natürlichen Todes starb. Dass keine Belege für jägerische Aktivitäten von Mesolithikern bei der Bergung des Vorderbeines beobachtet wurden, verwundert wenig, denn die Jäger zielten auf den vorderen Teil des Rumpfes der Beutetiere; ein solcher Blattschuss endet zumeist tödlich. Aber eben nicht immer: Aus einem Torfmoor bei Vig nahe Jyderup auf der dänischen Insel Seeland wurde 1905 das Skelett eines solchen präborealen Wildrindes entdeckt. Zwischen den Rippen des Auerochsen steckten zwei mikrolithische Spitzen; eine weitere wurde im Brustkorb entdeckt. Eine weitere Rippe wies eine Verletzung durch ein viertes Projektil auf, nämlich eine andere ältere und bereits vernarbte Schussverletzung mit Kallusbildung. Aus dem Prejlerup-Moor südlich von Vig stammt ein zweiter Auerochsen-Fund (1983) aus dem Jungboreal; weit über ein Dutzend Pfeilbewehrungen hatten den alten Bullen getroffen, ohne allerdings einen Knochen zu beschädigen.

Broich
Archäologisch betrachtet gehört dieser oben behandelte Skelettfund, der weit über das Stadtgebiet hinaus von Bedeutung ist, in das Mesolithikum, die mittlere Steinzeit. Aus dieser Epoche sind aus dem Dormagener Stadtgebiet diverse Oberflächenfundplätze (Abb. 5)[28] bekannt; sie lieferten zumeist nur ein Artefaktensemble aus Feuerstein. Von besonderer Bedeutung dagegen ist ein Fundplatz, der unmittelbar östlich des Bergerhofes in Gohr[29] am Fuß der Mittelterrasse (MT3) liegt. Die zentrale Siedlungsfläche hat eine Ausdehnung von rund 70 m x 70 m. Untersuchungen erbrachten ein Schichtenprofil; die Ergebnisse der Pollenanalyse lassen die Rekonstruktion der damaligen Vegetation zu und verweisen den Fundplatz in die Klimaphase des frühen Atlantikum. Von diesem Lagerplatz liegen mehrere

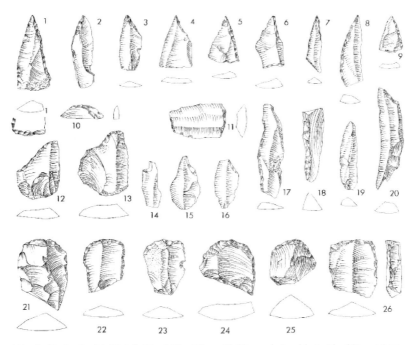

Abb. 5: ‚Hackenbroich 5'. 1-9, 11 = Mikrolithen, 12-13 = endretuschierte Abschläge, 14-16 = Kerbreste, 17-20 = retuschierte Klingen, 10, 21-26 = Kratzer(bruchstücke).

hundert Flintartefakte vor, die zum Teil zweidimensional eingemessen wurden. Das Fundmaterial zeigt unter anderem zwei Rückenmesser, eine einfache Spitze, ein ungleichschenkliges Dreieck, ein fragmentarisches Segment sowie Trapeze/Viereckspitzen. Zur Lithik gehört bemerkenswerterweise auch eine marginal flächig retuschierte, ungleichschenklig dreieckige Spitze. Eine mikroskopische Gebrauchsspurenanalyse wurde an wenigen ausgewählten Steingeräten durchgeführt. Sie zeigt, dass beispielsweise die Kratzer (Abb. 6) Knochen- oder Geweihpolituren bzw. eine Politur von Holz oder Knochen/Geweih, vielleicht auch vermischt mit Hautpolituren, aufweisen. Eines der Rückenmesser zeigt eine gut ausgeprägte und deutlich abgegrenzte

Politur von Holz oder Gräsern. Unter den Funden ist noch ein quarzitisches Sandsteingeröll erwähnenswert, ein möglicher Nussknacker ('Pickgrube').

Die Lebensweise der mittelsteinzeitlichen Wildbeuter war schweifend. Die einzelnen Gruppen lebten innerhalb eines ausgedehnten Territoriums; dabei wurden die Lagerplätze manchmal auch mehrfach aufgesucht. Die zahlreichen unmodifizierten Grundformen und die chronologisch wenig empfindlichen Gerätetypen zeugen im Falle von 'Gohr 6' am Berger Hof von lagerinternen Aktivitäten; dies wird durch die Nutzungsanalyse der lithischen Geräte bestätigt. Die Kerbreste belegen dagegen die Produktion von Mikrolithen, also Pfeilspitzen, auf dieser Wildbeuterstation. Die Jagden – Belege dafür sind neben einem Knochenfund von 1968 die Rückenmesser und Mikrolithen als Pfeilbewehrungen – fanden natürlich außerhalb der Siedlungen statt; diese Fundstücke repräsentieren somit die externe Komponente des Lagerplatzes. Die Fundmasse deutet an, dass es sich bei 'Gohr 6' – wie die Fundstelle in der archäologischen Literatur bezeichnet wird – um einen längerfristig aufgesuchten Siedelplatz handelt,

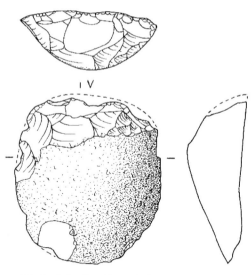

Abb. 6: 'Gohr 6' am Bergerhof. Kappenkratzer mit Kortexrest aus Feuerstein (Maasei).

dessen Gunstfaktoren heute nur noch teilweise nachzuvollziehen sind.

Das Rheinland und Teile von Westfalen gehörten seit etwa 7.400 v. Chr. für mehr als zwei Jahrtausende hinweg zu der großen westeuropäischen Formengruppe des Rhein-Maas-Schelde-Mesolithikums; diese späte mittlere Steinzeit ist bislang einzig durch seine Steingeräteformen definiert. Zu diesem Zeitpunkt kam es in weiten Teilen Westeuropas zu einer Veränderung in der materiellen Kultur der mittleren Steinzeit, speziell zu einer Modifizierung der mikrolithischen Pfeilbewehrungen: Nun treten flächenretuschierte Blattspitzen in Mistelform und andere blattförmige Projektile sowie flächenretuschierte Dreiecke auf; diese neuen Waffenspitzen gelten als Leitformen der RMS-Kultur. Diese Leitformen definieren das RMS-Verbreitungsgebiet zwischen dem Atlantik im Westen, dem Ijsselmeer im Norden, dem Verlauf von Rhein und Mosel bis hinein in die Westfälische Bucht im Osten und der Seine im Süden. Dieses Gebiet umfasst etwa 150.000 km². Die letzten Jahrhunderte der letzten wildbeuterisch lebenden Populationen des 6. vorchristlichen Jahrtausends in den niederen Rheinlanden waren wohl protoneolithisch geprägt, also auch keramikproduzierend und möglicherweise begleitet von einem Wanderhirtentum. Grundsätzlich muss von einem Nebeneinander verschiedener Ökonomiemodelle ausgegangen werden: Jäger-Fischer-Sammler-Populationen existierten mit ihrer traditionellen mesolithischen Lebensform neben Hirten und Bauern. Erst Jahrhunderte später dürfte sich die neolithische Wirtschaftsweise im gesamten Betrachtungsraum durchgesetzt haben. Oder aber die wildbeuterisch lebenden Menschen okkupierten die neue Lebensweise mit Sesshaftigkeit, Ackerbau und Viehzucht für sich. Der Fischfang etwa auf Hecht und Barsch ist für die Station ‚Gohr 6' an Rhein, Erft, Pletschbach usw. denkbar. Das Sammeln von Nüssen, Früchten, Beeren, Blüten, Wurzeln, Blättern und ähnlichem gehörte ebenso zur Ökologie der Wildbeuter und dürfte im Umkreis des temporären Siedelplatzes stattgefunden haben. Relevant für die Ernährung der Mesolithiker war natürlich die Jagd. Die Population(en) von Gohr dürften neben Kleinsäugern vor allem die im Mesolithikum üblichen Großsäuger wie Rotwild, Rehwild und das Wildschwein gejagt haben. Zur Jagdfauna gehörte aber eben vor allem auch der Ur oder Auerochse, ein äußerst wehrhafter Bovide.

Jungsteinzeit (5.500 v. Chr. bis 2.000 v. Chr.)

Delhoven

Mit dem Beginn des Neolithikums, der Jungsteinzeit, änderte sich die Lebensweise der Menschen grundlegend; die Zeit der mobilen Jäger, Fischer und Samm-

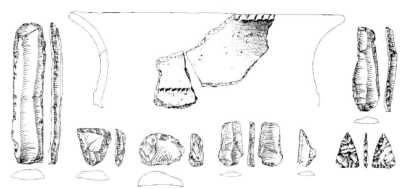

Abb. 7: ‚Hackenbroich 29'. Kratzer, Pfeilspitze(n) usw. und gekerbte Rand- und Wandscherben.

ler mit ihrer aneignenden Ökonomie war vorbei. Nun lebten die Menschen mit ihrer Nahrungsmittel produzierenden Lebensweise als sesshafte Ackerbauern und Viehzüchter. Aus der frühen Phase, dem Altneolithikum, ist lediglich ein Fundplatz der sog. Bandkeramischen Kultur auf der Mittelterrasse (Lößboden) bei Gohr bekannt. Spätere Formengruppen besiedelten dann auch die tiefer gelegene Niederterrasse mit ihren schlechteren, sandig-lehmigen Böden. Am äußersten Westufer einer heute fast verlandeten Flussschlinge (Pletschbach) wenig nördlich der K 36 / Hackenbroicher Straße (östlich der Gärtnerei Peters) wurden Feuersteingeräte und Keramikfragmente (Abb. 7) der spätrössener Bischheimer Gruppe[30] oberflächig aufgelesen; eine Ausgrabung hat nicht stattgefunden. Das überschaubare keramische Material zeigt gekerbte Rand- und Wandscherben mit Stichreihe und Umbruchansatz an der Innenfläche von einem lederbraunen Gefäß mit geschwungenem Trichterrand; der Randdurchmesser kann mit etwa

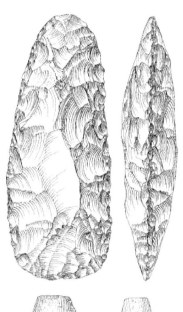

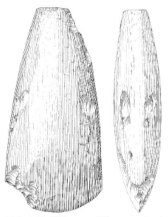

Abb. 8: Beilklingenrohling von ‚Straberg 6' und geschliffene Flintbeilklinge (Länge = 14 cm) von ‚Nievenheim 9'.

20 cm angegeben werden. Die Funde belegen eine Aufsiedlung der Niederterrasse im Raum Dormagen im Mittelneolithikum, genauer in der zweiten Hälfte des 5. Jahrtausends v. Chr. Davon zeugen vor allem auch die zahlreich als Lesefunde bekannt gewordenen und zumeist geschliffenen Beilklingen (Abb. 8) aus Felsgestein oder Silex aus dem gesamten Arbeitsgebiet; diese Geräteform – und auch die gelochten Äxte – weisen auf eine intensive Waldrodung und Holzbearbeitung hin. Typische Feuersteingeräte der jungneolithischen Michelsberger Kultur konnten östlich der Zonser Heide[31] aufgelesen werden; Scherbenfunde dieser Formengruppe – u. a. aus einer Abfallgrube – stammen dagegen aus der Dormagener Innenstadt[32]. Endneolithische Pfeilspitzen belegen die Präsenz der Menschen auch zu diesen Zeitläuften im Stadtgebiet.

Bronzezeit (2.000 v. Chr. bis 800 v. Chr.)

Nachtigall
Befunde und Funde aus der Bronzezeit sind im Rheinland allgemein selten; aus Straberg stammt eine bronzene Beilklinge. Sie wurde bei Renovierungsarbeiten unter Bodendielen in einem alten Ackererwohnhaus

Abb. 9: Bronzezeitliche Beilklinge aus Straberg, Norbertstraße.

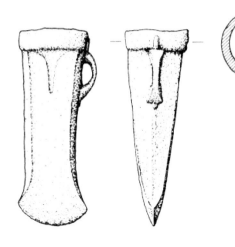

Abb. 10: Bronzene Tüllenbeilklinge aus Gohr aus der Jüngeren Bronzezeit.

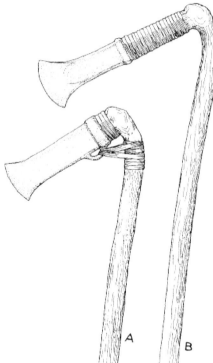

Abb. 11: Rekonstruktion der Schäftung eines Tüllen- (A) und eines Absatzbeiles (B).

aus dem 19. Jahrhundert in der Norbertstraße gefunden. Entweder geriet das Artefakt unbemerkt unter den Holzboden oder aber es wurde im Rahmen des Volksglaubens intentionell deponiert. Die dünnnackige Beilklinge ist 10,6 cm lang; ihre Oberfläche ist grün patiniert. An ihren Längsseiten lässt sich noch eine schwache Randleistenandeutung erahnen (Abb. 9). Das Stück ist in die Stufe Meckenheim (ca. 1.800 bis 1.700 v. Chr.) zu stellen, also an den Übergang

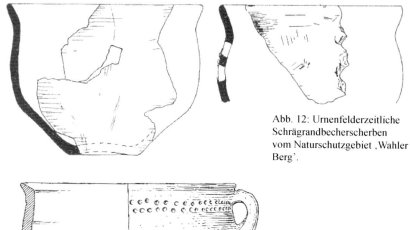

Abb. 12: Urnenfelderzeitliche Schrägrandbecherscherben vom Naturschutzgebiet ‚Wahler Berg'.

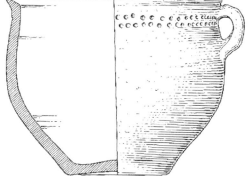

Abb. 13: Urne für Leichenbrand vom Naturschutzgebiet (NSG) ‚Wahler Berg'.

von der Früh- zur Altbronzezeit[33]. Ein Bruchstück einer bronzenen Absatzbeilklinge mit parallelseitigem Schaft stammt aus der Nähe des Wilhelmshofs nahe Dormagen-Nachtigall. Der singuläre Lesefund datiert in die Mittlere Bronzezeit (1.600 bis 1.300 v. Chr.), genauer gesagt in die Jüngere Hügelgräberzeit und gehört zum Typ Klingenmünster[34]. Von Gohr ist ein Tüllenbeil (Abb. 10-11) aus der jüngeren Bronzezeit[35] bekannt; es zeigt ein rudimentäres Lappenornament und könnte aus einer lokalen Produktionswerkstatt am Niederrhein stammen. Offenbar existierte eine spätbronzezeitliche Siedlung mit zugehörigem Friedhof während der Urnenfelderkultur (Hallstatt A-B) auf der Binnenlanddüne des heutigen Naturschutzgebietes ‚Wahler Berg' an der Bundesstraße 9 nahe Nachtigall[36]. Es liegen unter anderem zahlreiche, teils verzierte Keramikscherben (Abb. 12), eine Riemenzunge mit angenietetem Unterteil, Feuersteine sowie das Fragment eines Klopfsteines einer Handmühle vor. Die Düne bietet durch ihre erhöhte Lage eine überschwemmungsfreie Insel. Die zugehörigen landwirtschaftlichen Produktionsflächen zum bronzezeitlichen Dorf sind in den umgebenden Niederungen, also auf der NT3, zu suchen; von hier aus erfolgte wohl auch die Wasserversorgung. Während der Urnenfelderzeit wurden die Leichen auf einem Scheiterhaufen verbrannt; die Beisetzung des Leichenbrandes erfolgte in Urnen. Der zugehörige Friedhof ist bekannt, denn 1936 wurde bei der Anlage des Fahrradweges parallel unmittelbar neben der Bundesstraße 9 ein Becher mit Henkel gefunden, der Knochenreste enthielt, mehrere gleichzeitige Scherben sowie eine potentiell zugehörige (sic !) Feuersteinklinge. Die 12,1 cm hohe Urne (Abb. 13) galt lange Zeit als verschollen, ist aber mittlerweile wieder aufgetaucht; sie zeigt eine umlaufende Grübchenverzierung und datiert in die Stufe Hallstatt C[37]. Die Besiedlung zu dieser Zeit bestand aus kleinen, weit gestreuten Hofanlagen mit umgebenden Feldern. Rodungen zur Gewinnung von Bau- und Brennholz hatten ebenso wie die Waldweide die Wälder, zwischen denen Heide-, Weide- und Ackerflächen lagen, deutlich gelichtet. Ein solches Gehöft setzte sich aus einem 6-Pfostenbau als Wohnhaus in Fachwerktechnik mit etwa 12 m^2 Grundfläche und zwei 4-Pfostenbauten als Speicherbauten zusammen. Letztgenannte wurden zum Schutz des eingelagerten Ernte- und Saatgutes und der übrigen Vorräte gegen Nager und Raubwild in gestelzter Bauweise und mit Schwebeböden errichtet.

Vorrömische Eisenzeit (800 v. Chr. bis ca. 50 v. Chr.)

St. Peter
Im Jahre 2001 konnte bei Dormagen-St. Peter[38] eine ca. 10 m² große Lehmentnahmegrube (Stelle 9/10) aus der frühen vorrömischen Eisenzeit (Abb. 14) aufgedeckt

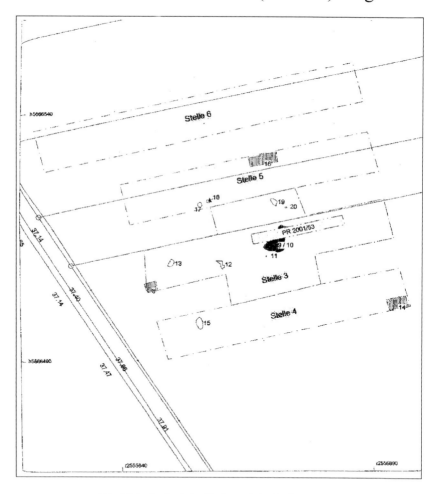

Abb. 15: Archäologische Flächen mit Grubenbefund 9/10 und Schnitt PR 2001/53.

Ca. 2300-1500 v. Chr.	Stein- Kupferzeit	»Horizonte« Adlerberg (Bz A1) Lanquaid/Meckenheim (Bz A2) Einzelgrabkultur Glockenbecherkultur
	Frühbronzezeit	
Ca. 1500-1220 v. Chr.	Mittlere Bronzezeit (Hügelgräberbronzezeit)	»Horizonte« Lochham/Wohlde (Bz B) Schwanheim (Bz C1) Bessunger Wald (Bz C2)
	Späte Bronzezeit	Wölfersheim (Bz D)
Ca. 1220- 700 v. Chr. Ca. 1220-1100 v. Chr. Ca. 1100- 700 v. Chr.	Urnenfelderzeit	Stufen Hallstatt A Hallstatt B
Ca. 700-600 v. Chr.	Mittlere Hallstattzeit	Stufe Hallstatt C
Ca. 600-475 v. Chr.	Späte Hallstattzeit	Stufen Hallstatt D1-D2
Ca. 475-250 v. Chr.	Frühlatènezeit	Stufen Latène A-B
Ca. 250-150 v. Chr.	Mittellatènezeit	Stufen Latène C1-C2
Ca. 150- 25 v. Chr.	Spätlatènezeit	Stufen Latène D1a -D2b
25 v. Chr. - 30/40 n. Chr.	Römische Kaiserzeit	Frühe Kaiserzeit als Akkulturationsphase

Abb. 14: Zeittafel zur Kupfer, Bronze- und Eisenzeit (Hallstatt- und Latène im Rheinland).

Abb. 16: Nachbau eines eisenzeitlichen Wohnhauses (Ratingen/Rhld.).

werden, die später als Abfallgrube verfüllt worden war. Dieser einzig relevante archäologische Befund dieser Ausgrabung (Abb. 15) kann als Siedlungsanzeiger eines Gehöftes (*aedificia*) auf der Niederterrasse des Rheines angesprochen werden. Die Lage der zugehörigen Nekropole ist bislang nicht bekannt. Im Fundstoff dominiert mit 854 Stücken die Keramik; das Scherbenmaterial datiert in die Phase Hallstatt C/D (etwa 700 bis 600 v. Chr. bzw. 600 bis 475 v. Chr.), also in die frühe Eisenzeit, mit einer deutlichen Tendenz zu Hallstatt C. Ein Keramikfragment, das im Rahmen einer im Vorfeld der Grabung erfolgten Geländebegehung aufgelesen worden war, weist eine Kalenderbergverzierung auf und gehört eher in die Spätphase der frühen Eisenzeit (Ha D). Desweiteren liegen Mahlsteinbruchstücke sowie Trümmer von hitzegeborstenen Kochsteinen vor. Geborgen wurden weiterhin Holzkohlen und Knochen; eine Bestimmung des geborgenen Knochenmaterials steht bisher noch aus. Der Grubenbefund war homogen verfüllt; die sandigen Anteile des Bodens hatten für eine starke Durchlüftung und somit für eine schnelle Vergänglichkeit nicht verkohlter organischer Bestandteile gesorgt. Bemerkenswert sind die verkohlten Reste von Kulturpflanzen, also archäobotanisches Material (s. u.), und Hölzer. Im unteren Bereich des Befundes traten verziegelter Lehm und Holzkohlen zumeist bänderförmig als schwache Verziegelungszone auf. Zahlreiche Fragmente von Rotlehm wurden geborgen; die Bruchstücke wiesen aber in keinem Falle Abdrücke von Staken auf und könnten eventuell von einem Estrich aus Stampflehm – also von einem Bodenbelag – stammen. Die geborgenen Hölzer resp. Holzkohlen stammen überwiegend von der Eiche; aber auch die Hasel ist vertreten. Diese Hölzer dienten der

Abb. 17: Nachbauten eisenzeitlicher Nebengebäude mit Brotbackofen (Ratingen/Rhld.).

Befeuerung der Herdstelle. Es ist davon auszugehen, dass im näheren Umfeld dieses Gehöftes (Abb. 16-17) Eichenbäume und Haselsträucher wuchsen.

Neben den oben vorgestellten Funden wie etwa Geschirrbruchstücken können auch verkohlte Pflanzenreste – Holzkohlen, Früchte und Samen – im Rahmen von wissenschaftlichen Bodeneingriffen gefunden werden. In nahezu jeder ur- und frühgeschichtlichen Ausgrabung ist das Erdmaterial von Siedlungshorizonten und Gruben mit solchen Pflanzenresten durchsetzt. Die Pflanzenreste sind durch die Einwirkung von Feuer in mehr oder weniger reinen Kohlenstoff umgewandelt worden, etwa durch das Mitverbrennen in einem Herdfeuer. In diesem Zustand sind sie für die Mikroorganismen im Boden nicht mehr verwertbar und können sich über Jahrtausende erhalten, solange sie nicht mechanisch zerstört werden. Bei solchen verkohlten Pflanzenresten handelt es sich meist um Überreste der einst angebauten Nahrungspflanzen wie beispielsweise Getreide, Hülsenfrüchte oder Ölsaaten sowie der zusammen mit den Kulturpflanzen geernteten Ackerkräuter (,Unkräuter'). Bei diesen botanischen Resten handelt es sich ebenso wie etwa bei Scherbenmaterial oder vergleichbaren Fundobjekten um archäologische Artefakte, die wie diese zur Interpretation der Befunde ausgewertet werden können.

In den Bodenproben von St. Peter fanden sich neben Aschepartikeln und Holzkohlen die Reste von nicht weniger als fünf verschiedenen Getreidearten, die während der letzten vorchristlichen Jahrhunderte im Rheinland als Nahrungsmittel von Bedeutung waren.

Dinkel bzw. Spelz (*Triticum aestivum ssp. spelta*), ein bespelztes hexaploides Getreide der Weizenreihe, ist u. a. durch zehn Körner und 105 Spelzenbasisteile nachgewiesen. Es bildet in den Proben von St. Peter – neben Hirse – das Hauptgetreide. Nachgewiesen ist ebenfalls der Emmer, Zweikorn/Einkorn (*Triticum aestivum ssp. dicoccum/t. ae. Ssp. monococcum*), ein tetraploides Spelzgetreide und wichtigstes Getreide der Weizenreihe während des Neolithikums und der Bronzezeit in Europa. Es liegen vor: 13 kleine Bruchstücke, sieben halbe und vier doppelte Spelzen-Basisteile sowie ein Korn (Karyopse).

Emmer wurde sowohl zum Bierbrauen als auch zur Nahrung verwendet. Die recht anspruchslose sechszeilige Gerste (*Hordeum vulgare*) tritt seit der Jungsteinzeit gemeinsam mit Weizen auf, allerdings als minder-

Abb. 18: Rispenhirse (links) und Setaria italica (Kolben- oder Borsten-Hirse).

wertiges Getreide. In den Proben erscheint sie mit sechs Körnern und einem Spindelabschnitt hinter Dinkel und Hirse. Dies entspricht dem allgemeinen Bild der Gerste im Rheinland dieser Zeit. Die Gerste ist kein Brotgetreide, denn Gerstenmehl ist nicht backfähig, sondern eignet sich nur zur Herstellung flacher Fladen. Gerste lässt sich gut als Suppeneinlage verwenden und zu Brei verarbeiten; dass bereits zu dieser Zeit Bier gebraut wurde, ist gesichert. Zudem fand die Gerste Verwendung als Tierfutter. Hirse, eine Mehlfrucht, seit dem Beginn des Neolithikums bekannt und seit der Bronzezeit auch am Niederrhein vertreten, erfuhr während der vorrömischen Eisenzeit eine starke Ausbreitung in den niederen Rheinlanden und den Niederlanden. Die Hirse hatte in den Metallzeiten des Rheinlandes eine immens große Bedeutung; in urnenfelderzeitlichen und eisenzeitlichen Siedlungen wurden oft mehr Hirsekörner als Körner von den großfrüchtigen Getreidearten gefunden. Die Kolben- oder Borstenhirse (*Setaria italica* [L.] Beauv.) konnte in St. Peter mit 32 Körnern (Karyopsen) und die Rispen-Hirse (*Panicum miliaceum* L.) (Abb. 18) mit neun Körnern sowie wenigen fraglichen Bruchstücken nachgewiesen werden; bezeichnenderweise finden sich die Körner der erstgenannten Art weit in der Überzahl. Denn fast überall im eisenzeitlichen Mitteleuropa überwog die Rispenhirse; lediglich im Rheinland war die Kolbenhirse die wichtigere der beiden Hirsearten. Genau dieses Verhältnis spiegeln auch die Nachweise aus St. Peter wieder. Rispenhirse ist eine 50 bis 80 cm hohe Pflanze; sie besitzt bei der Reife große, überhängende, lockere Rispen mit einer Vielzahl kleiner Körner. Kolbenhirse – auch Welscher Fennich oder Vogelhirse genannt – hat anstelle der Rispe einen großen, lappig gegliederten Kolben. Die Pflanzen sind mit einer Höhe von bis zu einem Meter höher und die Stengel dicker als die der Rispenhirse. Wie bei dieser reift zwischen den weichhäutigen Hüllspelzen jeweils nur ein kleines, bespelztes Korn. Beide Hirsenarten müssen als Hackfrüchte behandelt werden, d. h. der Boden zwischen den Pflanzenreihen muss durch zweimaliges Hacken gelockert, die mitwachsenden Kräuter müssen entfernt und die zu dicht stehende Saat ausgedünnt werden. Die Ernte erfolgt jeweils im Herbst. Hirse ist ein Getreide der ärmeren sandigen Böden und eignet sich kaum zum Brotbacken, sondern wird meist als Brei, Grütze oder Fladen verzehrt. Hirse sieht ganz anders aus als unsere übrigen Getreidearten; ihr Anbau in Deutschland ist seit um 1900 erloschen.

Horrem
Unmittelbar westlich der Bundesautobahn im Bereich zwischen der Horremer Straße (Kreisstraße 12 östlich der Neusser Straße / Landstraße 380) über die BAB-Ausfahrt hinweg bis zur Kreisstraße 18 wurde der Bau der Trasse zur Verlegung einer neuen Erdgasleitung in den Jahren 1998/99 durch Archäologen begleitet.

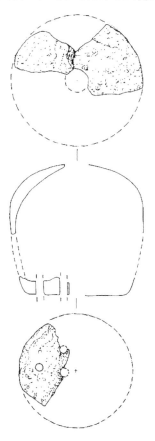

Abb. 19: Horrem. Siebheber. Ein Schöpfgefäß zum Seihen und Ausschenken von Getränken.

Beobachtungen konnten entlang der gesamten Trasse gemacht werden: Neben Befunden anderer Zeitstellungen fanden sich auch offensichtlich Grubenbefunde der Eisenzeit. Aus einer ausgedehnten Kulturschicht, die eine einstige Siedlung anzeigte, stammen drei äußerst bemerkenswerte Keramikfragmente. Sie stammen von einem kleinen glockenförmigen Gebrauchsgefäß. Es ähnelt einem heutigen Tee-Ei, hat eine kleine Einfüllöffnung und einen gelochten Siebboden. Es handelt sich um einen sogenannten Siebheber[39] (Abb. 19), ein Schöpfgefäß zum Seihen und Ausschenken von Getränken, die mit Gewürzen und Kräutern versetzt waren. Das Gerät wurde benutzt, um Getränke aus größeren Mischgefäßen in kleineres Trinkgeschirr umzufüllen. Dabei wurde es in die Flüssigkeit gesenkt. Ohne Rückstände drang diese durch die Löcher in das Gefäßinnere; war dieses gefüllt, wurde die Öffnung mit dem Daumen zugehalten. Durch die Vakuumwirkung blieb die Flüssigkeit während des Hebevorgangs im Gefäß. Hob man jedoch den Daumen, so floss die filtrierte Flüssigkeit in das bereitgestellte Trinkgefäß. Das Fundstück gilt als singulärer Fund in den gesamten niederen Rheinlanden und zeugt wohl von einer erlesenen Trinkkultur auch der ländlichen Bevölkerung der damaligen Zeit. Das außergewöhnliche Artefakt datiert in die Zeit zwischen 750 bis 250 v. Chr.

Delhoven
Ein archäologischer Bodeneingriff im Jahre 2008 nördlich von Delhoven, Baugebiet „Gansdahl",[40] erbrachte Einblicke in eine Siedlung – die Lage der zugehörigen Nekropole ist bislang nicht bekannt – der vorrömischen Eisenzeit. Vorgestellt seien hier die einschlägigen Be-

Abb. 20: Befundplan (Ausschnitt) mit den Gebäuden (Befundkomplexe 18 und 37), den Gruben (Stellen 12, 15 und 42) sowie Nordpfeil und Maßstab.

funde. Der Befundkomplex 18 besteht aus den archäologisch relevanten Einzelbefunden Stellen 7 bis 10 und 17. Bei den Stellen 7, 8 und 9 handelt es sich um rundliche Pfostenverfärbungen (Durchmesser zwischen ca. 25-30 cm, erhaltene Tiefen zwischen ca. 23-30 cm), die sich im Profil kastenförmig abzeichneten. Bei den Anlagen der Profile resp. beim Abbau der Restbefunde konnten in fast allen Fällen eisenzeitliche Keramikfragmente geborgen werden. Auch die Befundstelle 10 erwies sich als einstige Pfostenstellung; es konnte im Planum eine nahezu quadratische Verfärbung angetroffen werden, die sich im Profil (Mächtigkeit 15 cm) ebenfalls als kastenförmig erwies. Auch im Rahmen der Untersuchung dieses Befundes konnten mehrere eisenzeitliche Scherben geborgen werden. Der Befund Stelle 17 besaß eine runde Form mit 30 cm Durchmesser im Planum und 26 cm Mächtigkeit im Profil; die kastenförmige Form entsprach den bisher als Spuren von Pfosten definierten o. g. Befunden und auch im Rahmen der Freilegung dieses Befundes konnten eisenzeitliche Scherben aufgelesen werden. Zusammenfassend lassen sich folgende Schlüsse ziehen: Die Anordnung der Bodenbefunde 7 bis 10 entspricht der Grundstruktur eines kleineren Gebäudes, eines sog. Vierpfostenbaues. Der Befund Stelle 17 bildet die geradlinige Verlängerung einer der potentiellen Hauslängsseiten, hat aber kein Pendant auf der gegenüberliegenden Seite (Westen), das entweder nie existiert oder sich nicht erhalten hat. Es kann konstatiert werden, dass es sich um die Struktur eines Gebäudes handelt, das mindestens die Maße von 1,85 m x 2,00 m aufwies. Rekonstruiert man den Grundriss als 6-Pfostenbau, so ergäbe sich ein nordwest-südöstlich orientiertes Gebäude von 3,60 m

Länge. Eventuell gehörte zu diesem Gebäude die südwestlich gelegene Grube Stelle 12; sie ist etwa acht Meter entfernt und nord-südlich orientiert (Abb. 20).

Der Befundkomplex 37 besteht aus den archäologisch relevanten Einzelbefunden Stellen 33 bis 36. Befundkomplex 37 ist gekennzeichnet durch eine Reihe von Verfärbungen, die allesamt als Pfostenstellungen angesprochen werden können. Die Anordnungen ergeben verschiedene Variationen von aufeinander bezogenen Pfostenspuren. Insgesamt könnten sie eine mehrphasige Konstruktion spiegeln. Eine eindeutige Zuordnung ergeben die paarweise angelegten Pfosten nicht zwingend. Im Zentrum steht eine Vier-Pfosten-Konstruktion aus St. 33-36. Diese ist jeweils von einem Stütz- oder Doppelpfosten begleitet. In diesem Falle wäre die Anlage einphasig anzusehen. Die Differenz der paarweise stehenden Pfosten ist sehr gering. Offensichtlich liegt ein einphasiges Gebäude mit teilweise doppelter Pfostensetzung vor oder aber ein repariertes Gebäude. Zugehörig dürfte Stelle 42 sein; der Befund liegt etwa 2,5 m südwestlich von Komplex 37. Bei dieser Stelle 42 handelt es sich um eine tiefe, fundführende und nordwest-südöstlich ausgerichtete Grube, die von den Ausgräbern als Vorratsgrube oder Rest eines einstigen Werkplatzes angesprochen wurde. Neben weiteren Gruben, die eisenzeitliche Keramikbruchstücke enthielten, wurden auch zahlreiche Artefakte aus Feuerstein geborgen. Die Scherbenfragmente datieren die Lokalität insgesamt in die frühe Latènezeit, also die Latène-Stufen A-B, d. h. in die Dekaden zwischen 475 und 250 v. Chr. Eine abschließende chronologische Bearbeitung des Scherbenmaterials steht noch aus.

Während der frühen Latènezeit in der Kölner Bucht und am gesamten Niederrhein waren verstreute Vielhausgehöfte mit vier-, sechs, acht- und neunpfostigen Gebäuden („Pfostenholzbau") üblich. Die Wände bestanden aus Lehmflechtwerk aus fingerdicken Ästen mit Lehmverstrich, zu deren Schutz die mit Stroh, Reet oder Rindenstücken gedeckten Dächer tief heruntergezogen waren. Die Bauten dienten als – eng bemessene und ebenerdige – Wohngebäude; davon abgetrennt befanden sich die Wirtschaftsbereiche mit den Ställen, Werkstätten und Vorratsbauten. Speicher dienten der Vorratshaltung und waren als Stelzenbauten hochpfostig konzipiert; dies begründet sich mit der Belüftung zur Vermeidung von Feuchtigkeit und zum Schutz vor Nagern und Raubwild. Ergänzt wurden diese Ensembles durch überdachte Backöfen, eingezäunte Gemüsegärten und anderes mehr. Zu dem Wirtschaftsbereich zählte auch der Platz der Eisenverhüttung, Standort der kurzlebigen Rennöfen und der Schmiede. Raseneisenerz kommt in sumpfigen Böden in Feuchtgebieten vor; in unserem Bearbeitungsgebiet etwa steht das Rohmaterial 1750 m nordwestlich am Sandweg (Dormagen-Straberg), einem ehemaligen Sumpfgebiet, an und kann vergleichsweise leicht und oberflächennah abgebaut werden. Neben den Metallen waren aber sicher weiterhin Werkzeuge und Geräte aus Feuerstein in Benutzung.

Geprägt waren diese Hofanlagen und die lockeren, weilerartigen Kleinansiedlungen („Streusiedlungen") durch zahlreiche Gruben. Dabei handelte es sich um Lehmentnahmegruben, die später der Entsorgung von

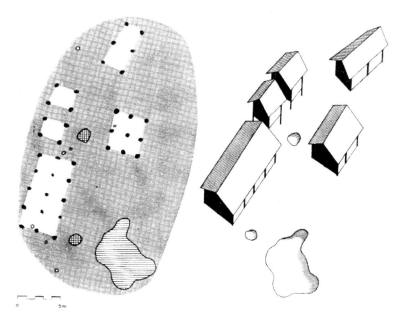

Abb. 21: Schematische zeichnerische Rekonstruktion einer frühlatènezeitlichen Hofstelle.

Abb. 22: Rekonstruiertes Lebensbild eines keltischen Gehöftes von Grevenbroich-Gustorf.

Abb. 23: Vierpfostiger Stelzenspeicher, Museum Eindhoven, Prov. Nordbrabant / NL.

Hausmüll dienten, sowie Vorratsgruben, also unterirdische Silos. In mit Getreidekörnern gefüllten Gruben, die anschließend etwa mit Lehm verschlossen wurden, bleibt die Masse des Saatgutes unverändert bis zur nächsten Aussaat konserviert. Dieses Verfahren nimmt in Kauf, dass die in Kontakt mit den feuchten Wänden stehenden Körner zu keimen beginnen. Der Verbrauch des Sauerstoffes im Silo und die Freisetzung von genügend Kohlendioxid verhindern Verluste durch Schädlinge. Das Ernte- bzw. Saatgut hält sich so unverändert bis zum Verbrauch oder zur Aussaat. Die schematische Rekonstruktion eines solchen Hofplatzes (Abb. 21-22) späthallstatt-frühlatènezeitlicher Zeitstellung auf der Grundlage archäologischer Befunde deutet ein Wohnhaus, zwei Wirtschaftsbauten und zwei 4-Pfostenspeicher (Abb. 23) an, die aufeinander bezogen sind. Zugehörig sind eine große Lehmentnahmegrube sowie mehrere Speichergruben. Der Hofbereich umfasste etwa 500 m^2; dabei nimmt die bebaute Fläche mit etwa

66 m² fast 15% der Gesamtfläche ein. Die Höfe und Siedlungen waren umgeben von Äckern und Grünland; auch erste Schnittwiesen zur Heugewinnung waren zu sehen. Die ursprünglichen Wälder waren mittlerweile gerodet worden und Freiflächen gewichen. Die verbliebenen Eichenwälder waren durch Viehwirtschaft und Holznutzung stark aufgelichtet, denn die Rinder wurden meist in Waldweide gehalten. Auch die dichten, schwer zugänglichen Erlenwälder in den Flussauen wurden zunehmend weniger und wichen Viehweiden, also nassem Grünland.

Die Wirtschaftsweise dieser Zeit war agrarisch geprägt. Das Nutzpflanzenspektrum umfasste vor allem die Hauptgetreide Rispen- und Kolbenhirse. Ihr Nachweis ist eine rheinische Besonderheit und belegt den Hirsebrei als Ernährungsgrundlage der Bevölkerung. Hirse kann aber auch als Suppeneinlage verwendet werden. Neben Emmer, Dinkel und Einkorn wurde viel Gerste, in erster Linie die Sechszeilige Nacktgerste, angebaut.

Abb. 24: Hülsenfrucht Vicia faba: Feldbohne, Ackerbohne.

Neben den Spelzweizenarten wurden auch die Nacktweizenarten Zwerg- und Saatweizen angebaut. Spärliche Funde von Roggenkörnern legen nahe, dass er zunächst nur als ‚Unkraut' in den Wintergetreidefeldern stand; gleiches könnte für den Saathafer gelten.

Die Getreidekörner wurden auf Reib- bzw. Mahlsteinen mit bootsförmigem Querschnitt aus griffig-poröser Basaltlava (Mayen), den sogenannten Napoleonshüten, zu Mehl gemahlen. Diese Steine stellen in ihrer Gestalt unverwechselbare Reibsteine der vorrömischen Eisenzeit dar, die später von Rund- bzw. Drehmühlen abgelöst wurden. Bei den Ölpflanzen ist der Leindotter zu nennen, der wohl nicht nur als ölreiche Nahrungspflanze, sondern auch als Gewürz gedient haben mag. Nachgewiesen wurden an Ölpflanzen auch der Borsten- und der Schlafmohn. Ergänzt wurde der Speiseplan durch die eiweißhaltigen Hülsenfrüchte – hier gelistet nach ihrer Fundhäufigkeit – Erbse, Feldbohne/Ackerbohne (Abb. 24), Linse und eventuell auch die Linsenwicke. Angebaut wurden vielleicht – die archäobotanischen Nachweise sind schwierig – auch schon die Möhre, der Gefurchte Feldsalat und Rübsen (Feldkohl). Genutzt wurde sicher auch Wildobst wie *Corylus avellana*, die Haselnuss, *Prunus spinosa*, die Schlehe, aber auch die Brombeere, die Himbeere, der Schwarze Holunder und der Traubenholunder.

Neben dem Acker- und Gartenbau waren die Viehzucht und Viehhaltung das zweite Standbein der Ökonomie. Zu den Haustieren gehörte natürlich und an erster Stelle zu nennen der Haushund; er bewachte die Höfe und Siedlungen, begleitete die Menschen auf die Jagd und half beim Hüten der Haustierherden. Rind, Schwein, Schaf und Ziege sowie das Pferd waren die wichtigsten Nutztiere, die die Hauptquelle für tierisches Eiweiß bei der Ernährung der Bevölkerung waren. Die Pferde, Rinder, Schweine und Schafe gehörten kleinen Rassen an. Natürlich wurden auch Wildtiere mit dem Pfeilbogen, vor allem aber mit der Lanze und der Schleuder gejagt; an Hetzjagden zu Pferde ist ebenfalls zu denken. Wildbret vom Schwarzwild, Auerochse, Feldhase, Biber, Reh- und vor allem Rotwild bereicherten gelegentlich den Speiseplan im Betrachtungsraum, vielleicht auch Elch, Wisent und Vogelwild. Einige der Tierarten wurden aber nicht nur wegen ihres Fleisches und der anderen Rohmaterialien, die sie lieferten, wie Felle, Knochen und Geweihe, gejagt, sondern im Rahmen von Schutzjagden erbeutet. Eine Wildschweinrotte ist zum Beispiel in der Lage, innerhalb kürzester Zeit große Getreidefelder oder Gemüsegärten zu zerstören. Der Wolf etwa stellte eine latente Gefahr für die gehaltenen Haustiere dar und die Krähe war ein siedlungsfolgender Aasfresser und unerwünschter Nahrungskonkurrent. Und sicher bereicherte auch die Fischwaid den Speisezettel; als Waidgebiete dürften neben dem Rhein und der Erft auch der nahe, nur wenig westlich der Siedlung gelegene Pletschbach angesehen werden. Zu denken ist an Waller, Hecht, Karpfen, Stör, Lachs und andere mehr. Die Fischerei wurde mit Angeln und Netzen, Harpunen und Reusen betrieben. Zudem wurden sicher auch Flusskrebse und Muscheln nicht verschmäht. Für die Ernährung der Menschen spielten Jagd und Fischfang allerdings nur eine untergeordnete Rolle.

In diese Phase der vorrömischen Eisenzeit fällt der Beginn der Drehscheibenkeramik im Rheinland. Es liegt aber auf der Hand, dass auch Gefäße aus Holz eine große Rolle spielten. Holz war zu allen Zeiten ein immens wichtiger Werkstoff, ist aber nur in Ausnahmefällen erhalten. Aus diesem Rohstoff waren die Häu-

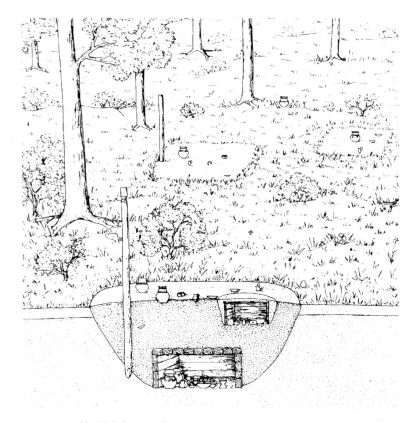

Abb. 25: Rekonstruktion eines metallzeitlichen Bestattungsplatzes.

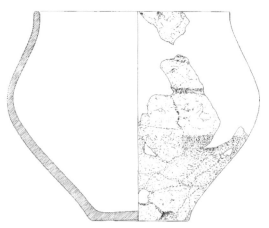

Abb. 26: Nievenheim, Südstraße. Urne aus der frühen vorrömischen Eisenzeit.

ser erbaut und die Möbel geschreinert, Großgeräte wie Schaufeln, Spaten, Brotschieber und Fassteile liegen ebenso vor wie kleine Werkzeuge wie Kämme, Beilstiele und viele andere mehr. Von frühen Wagen zeugen Scheibenräder ...

Ückerath
Aus Ückerath sind mehrere Urnenfriedhöfe (Abb. 25) aus der vorrömischen Eisenzeit bekannt.[41] Im Gartenareal des Hauses an der Südstraße 40 – hier traten bereits in den 1960er Jahren drei mittlerweile verschollene Urnen zu Tage – konnte ein bis 0,55 m unter die rezente Oberfläche reichendes Urnengrab geborgen werden. Das Grab enthielt ein fragmentarisch erhaltenes Gefäß (Abb. 26) von brauner, im Oberteil geglätteter und im Unterteil gerauhter Oberfläche. Die Grabkeramik ist 25,5 cm hoch und enthielt Leichenbrand. Datiert wird sie in die Stufe Hallstatt C/D. Ein ebenfalls mittlerweile verschollenes Gefäß mit Leichenbrand wurde in den 1950er Jahren in der Südstraße 38 geborgen und zeugt von der Ausdehnung der Nekropole.

Römische Kaiserzeit / Spätantike (ca. 50 v. Chr. bis 450)

Dormagen
Eine römische Ziegelei lag südlich des späteren Militärlagers (s. u.) an der Limesstraße im Bereich des ehemaligen Bayer-Freibades, der heutigen Römertherme des TSV Bayer Dormagen; die Straße heißt: ‚An der Römerziegelei'. Archäologische Ausgrabungen fanden hier 1963 (G. Müller) und 1991/92 (M. Gechter) statt. Bisher konnten sieben Öfen (Abb. 27) nachge-

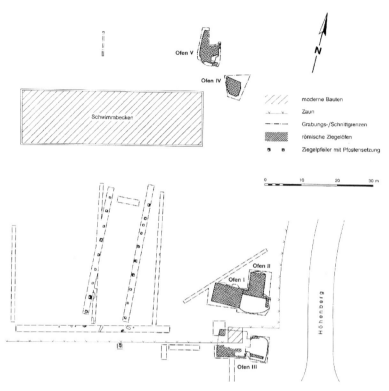

Abb. 27: Frühclaudische Ziegelei der 1. Legion in der Römertherme.

wiesen werden. Einige von ihnen (Öfen I und II, IV und V) waren Doppelofenanlagen; sie lagen in einem Winkel von 90° zueinander und wurden aus derselben Arbeitsgrube betrieben. Alle Öfen scheinen zweiperiodig gewesen zu sein. Bei den Grabungen fanden sich auch Hinweise auf Gebäude, die als Trockenschuppen gedeutet werden. Die Ziegelei wurde durch eine Vexillation der 1. Legion, also eine abgeordnete Abteilung dieser Einheit, betrieben, die später in Bonn stationiert war. Das Standlager dieser Arbeitstruppe scheint unter dem späteren Dormagener Reiterlager gelegen zu haben. Hier fanden sich Reste von zwei Spitzgrabenanlagen sowie Hinweise auf Holzbauten (Müller Phase 1).

Abb. 28: Idealrekonstruktion eines großen römischen Reiterlagers.

Abb. 29: Bildliche Rekonstruktion eines Haupttores (Lagerinnenseite Porta Praetoria).

Der Betrieb datiert in frühclaudische Zeit, d. h. in die 30er und frühen 40er Jahre des ersten nachchristlichen Jahrhunderts.[42] Ein Nachbau eines der Dormagener Ziegelöfen befindet sich übrigens im Industriemuseum (Ziegeleimuseum Lage) des Landschaftsverbandes Westfalen-Lippe.[43]

Abb. 30: Blick in eine Reiterkaserne mit Wohn- und Stallbauten.

Während oder unmittelbar nach dem Feldzug von Kaiser Domitian gegen die Chatten, einen germanischen Volksstamm aus dem heutigen Nord- und Mittelhessen, in den Jahren 83-85 wurde ein neues Militärlager[44] nördlich von Köln im Stammesgebiet der germanischen Ubier errichtet: Durnomagus, das römische Dormagen. Dieses Holz-Erdelager in Holzkastenbauweise mit Schwellbalken wird um das Jahr 150 als Steinlager[45] mit vorgelagertem Doppelgrabensystem ausgebaut (Abb. 28-29). Es wird im *Itinerarium Antonini*, einem Straßenverzeichnis des Römischen Reiches vom Anfang des 3. Jahrhunderts, genannt. Die hier interessierende Stelle lautet *Colonia Agrippina – Durnomagus leugas VII ala* und nennt also den antiken Namen des Kasernenstandortes, die Entfernung dieser Lokalität von Köln mit dem Längenmaß Leugen und die Art der militärischen Belegung dieses Lagers. Der zuletzt genannte Umstand traf allerdings zum Zeitpunkt der Entstehung dieses Itinerars nicht mehr zu, denn das Kastell war zu dieser Zeit bereits ruinös gefallen und ohne Besatzung. Stationiert wurde in dem Dormagener Holz-Erdelager um 85[46] eine berittene Hilfstruppeneinheit; zugehörig war entweder ein Hafen oder zumindest eine Schiffslände. Diese Reiterabteilung (*ala quingenaria*) bestand aus etwa 500 Mann und war in 16 Gruppen, *turmae*, zu etwa 30 Kavalleristen (Abb. 30) unter dem Befehl eines *decurio* gegliedert. Diese Einheit sollte die erste und einzige Besatzung dieser Kaserne bleiben, denn es gibt keinerlei Hinweise auf ein Vorgängerkastell oder eine Vorgängereinheit; diese hätte wohl auch eine Kavallerietruppe gewesen sein müssen. Auf dieses Dormagener Kastell kann eine Stelle bei Sextus Iulius Frontinus bezogen werden, nach der Domitian im Jahre 83 im Gebiet der Ubier neue Auxiliarkastelle bauen ließ; militärische Bauarbeiten im Gebiet der Ubier in dieser Zeit sind auch an anderen Orten zu belegen. Frontinius war zu Beginn der Herrschaft Domitians, wohl von 81 bis 83/84, Kommandant des niedergermanischen Heeres und Statthalter des dazu gehörenden Heeresbezirks, aus dem wenige Jahre später die Provinz Germania inferior / Niedergermanien wurde.

Zu Beginn ihrer gemeinsamen Regierung führten Marc Aurel und sein Adoptivbruder Lucius Verus in den Jahren 161 bis 166 Krieg gegen die Parther; an diesem Feldzug nahm auch die *legio I Minervia pia fidelis* aus Bonna (Bonn) teil. Die gesamte Legion wurde im Jahre 161 samt taktischen Hilfstruppen in den Osten des römischen Reiches in Marsch gesetzt. Hierzu passt die Beobachtung, dass die *ala Noricorum* aus Dormagen – wohl unter dem Kommando des Präfekten T(itus) Fl(avius) Firmus, der zeitlich zwischen 138-161 anzusetzen ist und von dem ein antik ins nahe Köln-Worringen verschleppter Altarstein Auskunft gibt – zur selben Zeit ihr Standlager Dormagen verließ, wie ein Hiatus im Fundgut, etwa bei der Keramik, deutlich zeigt. Offenbar nahm die Einheit zusammen mit der Bonner Legion an diesem Feldzug teil. Während des Feldzuges lag eine *vexillatio*, also eine Abteilung, der Xantener

Abb. 31: Römische Reiter (Reenactment-Szene) bei einem „Angriff" 2009 in Xanten.

Legion in Bonn; in Dormagen blieb eine kleine Reitermannschaft zurück. Diese gesamte Truppe war durch den Legionslegaten M. Claudius Fronto aus Bonn an das Krisengebiet herangeführt worden und kämpfte am nördlichen Frontabschnitt in Armenien und im Kaukasus. Fronto war im Gebiet zwischen dem Golf von Iskanderun – Mittelmeer – bis zum Schwarzen Meer südlich des Kaukasus – Baku – und nördlich des Zweistromlandes als Befehlshaber der dortigen Truppen tätig. Wenigstens Teile der Bonner Legion überquerten damals sogar den Kaukasus. Während dieses Aufenthaltes in Parthien rekrutierte die Bonner Einheit Ersatz vor Ort. Diese Männer verließen ihre dortige Heimat mit der nach Bonn zurückmarschierenden Legion und verblieben am Niederrhein, wo sie meist auch verstarben. In Bonn gefundene Steindenkmäler solcher Männer belegen, dass sich die *legio I Minervia* kurz nach erfolgreicher Beendigung des Feldzuges 166 wieder in ihrem Heimatstandort befand. Als Beispiel sei der Stein des *centurio* Tiberius Claudius Andreas genannt; er stammte aus dem Osten des Reiches.

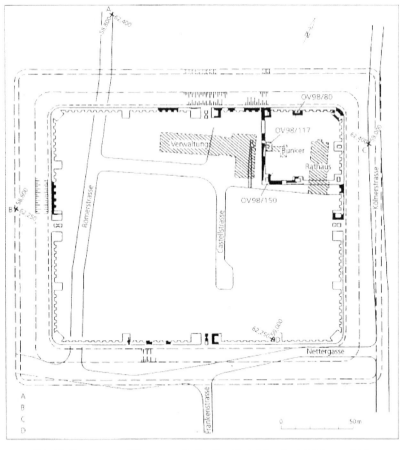

Abb. 32: Durnomagus / Dormagen. Spätantikes Reduktionskastell (oben rechts).

Abb. 33: Grabstein mit Darstellung des C. Romanius Capito aus Mainz-Zahlbach.

Von der berittenen Einheit aus Dormagen (Abb. 31) fehlt jedoch seit dieser Militäraktion jede Spur; möglicherweise überstand die Einheit diesen Feldzug nicht. Jedenfalls verliert sich seit diesem Zeitpunkt ihre Spur in den Nebeln der Geschichte. Kurze Zeit nach dem Abzug der Reiterei aus Dormagen war übrigens das Dormagener Militärlager vollständig niedergebrannt und existierte die folgenden Jahre als Ruine weiter. Aber der Lagervicus, die zivile Siedlung an den Ausfallstraßen nahe der Kaserne, hatte weiterhin Bestand. Wegen drohender Frankeneinfälle zogen sich die Bewohner des *vicus* (s. u.) um 250 in den noch bestehenden Mauerbering des Kastells zurück. Zu Beginn des 4. Jahrhunderts wurde das Kastell dann wieder von Truppen übernommen; im Nordosten der Anlage wurde ein Kleinkastell, ein so genanntes Reduktionskastell (Abb. 32)[47] von ca. 60 m x 60 m mit Ecktürmen und zwei Innentürmen errichtet. Ob hier Truppenteile des Feldheeres oder Limitantruppen lagen, ist unklar. Der große offene Innenraum des ehemaligen Reiterlagers könnte jetzt als befristeter Lagerplatz des comitatensischen Heeres gedient haben. Eine Milizenbesatzung kann aufgrund von Keramikfunden bis in die Mitte des 5. Jahrhunderts angenommen werden. Diese Milizen verteidigten den Grenzposten *durnomagus* in seinen letzten Jahren gegen die aus dem rechtsrheinischen Raum vordringenden Germanen.

Aufgund epigrafischer Quellen – schriftlicher Hinterlassenschaften etwa auf Militärdiplomen und Steindenkmälern wie Grabsteinen (Abb. 33) – kann man die Geschichte der oben genannten Kavallerieeinheit skizzieren. Es handelt sich um die *ala I Noricorum*,[48] die einzige bisher bekannte in *Noricum* aufgestellte Reitertruppe; dieses Rekrutierungsgebiet umfasste ungefähr die heutigen österreichischen Bundesländer Kärnten, Salzburg, Ober- und Niederösterreich sowie die Steiermark, den Südosten Bayerns mit dem Chiemgau und Teile Tirols. Die Reitereinheit wurde zu Beginn der Kaiserzeit ausgehoben; über ihren frühen Aufenthalt ist nichts bekannt.

Dieser Dormagener Truppenkörper, der mindestens 75 Jahre bis 161 an dem Standort *Durnomagus* lag und am Niedergermanischen Limes zwischen der Provinzhauptstadt Colonia Agrippinensium / Köln und Novaesium / Neuss präsent war, gehörte spätestens um die Mitte des 1. Jahrhunderts zum obergermanischen Heer, bestand hauptsächlich aus Noricern und war in Mogontiacum, also Mainz, stationiert. Während des Bataveraufstandes wurde die *ala Noricorum* im Jahre 70 an den Niederrhein verlegt. Drei bei Kalkar gefundene Inschriften von aktiven Soldaten sprechen dafür, dass das Lager der *ala Noricorum* – wohl zwischen 70 und 83/85 – in Burginatium, also in Altkalkar, anzunehmen ist. Ab diesem Zeitpunkt und bis ins 2. Jahr-

Abb. 34: Römischer Reiter im Dakerkrieg. Relief der Trajanssäule wenig vor 117.

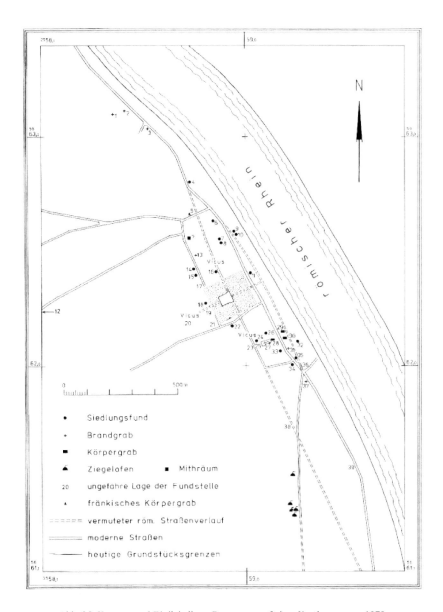

Abb. 35: Kaserne und Zivilsiedlung Dormagen auf einer Kartierung von 1979.

hundert hat diese Militäreinheit dann ständig in der Provinz Germania inferior gelegen; am Ende des 1. Jahrhunderts erwähnen zahlreiche Soldateninschriften die Truppe in Niedergermanien. Aufgrund der Inschriften ist klar, dass die nach Dormagen abkommandierte Einheit nach dem Bataveraufstand (69-70) nicht mehr aus dem ursprünglichen Aufstellungsgebiet Noricum stammte; die Ala wurde nun vor allem durch gallisch-germanische und thrakische Reiter ergänzt. Die Auffüllung der außerhalb der germanisch-gallischen Provinzen aufgestellten und erst im Jahre 70 zum Niederrhein kommandierten Alen mit Galliern, Germanen und Thrakern ist auch bei anderen Reitereinheiten zu beobachten. In flavisch-trajanischer Zeit dienten bei den Dormagener Reitersoldaten nicht nur Peregrine, sondern auch Bürger (*cives Romani*); dies ist eine Seltenheit bei den niedergermanischen Hilfstruppen und wohl im Zusammenhang mit der Verleihung des Ehrenbeinamen *civium Romanorum* zu sehen. Ein Bürger als Soldat der ala Noricorum ist mit C. Romanius Capito bereits aus vorflavischer Zeit bekannt, als die Truppe noch zur obergermanischen Armee gehörte. Der vollständige Name der Hilfstruppeneinheit lautet ala I Noricorum c. R. (*civium Romanorum*). Die Auszeichnung *civium Romanorum* muss vor dem Jahr 127 erfolgt sein und bedeutet: aus römischen Bürgern. Sie wurde für tapfere Taten nur dann an römische Auxiliartruppen (Abb. 34) verliehen, wenn sich die betreffende Einheit in einem Krieg gegen einen äußeren Feind in besonderer Weise hervorgetan hatte. Warum die ala Noricorum mit diesem Titel ausgezeichnet wurde, ist nicht bekannt. Denkbar ist die Verleihung dieses Ehrentitels an die Einheit und die Verleihung des römischen Bürgerrechtes an seine Soldaten – soweit sie dieses noch nicht besaßen – durch den Kaiser im Zusammenhang mit dem Bataverkrieg.

Zum Kastell gehörte natürlich auch ein Lagerdorf, also eine zivile Siedlung, der vicus. Diese dorfähnliche Siedlung orientierte sich an den Ausfallstraßen (Abb. 35), also entlang der Limesstraße parallel zum Rhein in Richtung Köln nach Süden und in Richtung Neuss nach Norden. Befunde und Funde stammen aus dem Bereich um St. Michael an der Kölner Straße – davon zeugt heute noch der sogenannte ‚Römerkeller' im Keller des Pfarrzentrums von St. Michael, der als Museum genutzt wird – sowie von der Kölner Straße bis zur Krefelder Straße. Der *vicus* war wohl gleichzeitig mit dem Kastell entstanden und auf die Kaufkraft der Soldaten angewiesen, die dort ihren Sold für Vergnügungen, Gebrauchsgegenstände und ihren persönlichen Bedarf und Dienstleistungen ausgaben. Es gab Schmiede und Töpfer, Stoffhändler und Gerber, Schreiner und Leimsieder, Schuster und Schreiner, Kneipen, Bordelle usw. In diesen Streifen-

Abb. 36: Weihestein, Tuffkugeln und Bronzeöllampen aus dem Mithräum.

häusern gab es aber auch Kaufmannsläden, bei denen man Glas- oder Metallgegenstände erwerben konnte und Korbwaren. Es wurden dort aber auch Dienstleistungen von Schreibern, Malern, Ärzten, Schauspielern usw. angeboten; die *vicani* boten zudem Nahrungsmittel wie Brot und Zwieback, Essig und Öl, Salz und die diversen obligatorischen Fischwürzsaucen an. Auch Getreidemühlen gab es hier und Bohnen, Fleisch und Eier konnte man aus dem Angebot der umliegenden Bauernhöfe kaufen. Das Gros der Bewohner aber waren die Soldatenfamilien. Während ihrer aktiven Zeit bis um 200 durften die Soldaten nicht heiraten; dennoch hatten die Militärreiter häufig Familien. Diese waren anerkannt und erbten im Todesfall den Besitz des Vaters. Die Söhne galten als römische Bürger, wenn sie sich bei der Armee verpflichteten. Im Lagerdorf ließen sich natürlich auch die Soldaten im Anschluss an ihre Dienstzeit als Veteranen nieder.

Abb. 37: Bauarbeiten 1926 an der Steinstraße in Zons, heute Deichstraße.

Aus Dormagen ist der Befund eines frühen Mithräums[49] bekannt, das bedauerlicherweise bereits im Winter 1820/21 durch den lokalen Küster und Chronisten Johann Peter Delhoven in einem Garten freigelegt wurde. Das Wissen um den genauen Fundort ist mittlerweile verloren gegangen; ein aktueller Beitrag schlägt mit guten Argumenten den Bereich „*in einem Garten zwischen der Hauptstraße* [gemeint ist die heutige Krefelder Straße. Anm. d. Verf.] *und der heutigen Weingartenstraße wenig nördlich der Florastraße*"[50] vor. Aus diesem unterirdischen Kultraum liegen zwei Mithrasweihungen (Abb. 36) aus Kalkstein vor, die – einer Neudatierung[51] zufolge – vor 161 gesetzt worden sind. Einer der Steine zeigt den stiertötenden Mithras; die Inschrift nennt C(AIUS) AMANDINIUS VERUS BUC(INATOR). Der römische Bürger Caius Amandinius Verus war also Hornist oder Trompeter in einer in der Inschrift nicht genannten Abteilung, zweifellos aber aufgrund der Fundumstände der ala Noricorum. Das zweite Denkmal, nur fragmentarisch erhalten, zeigt ebenfalls die Stiertötung des Mithras und wurde von einem DUP[L(ICARIUS)] AL(A)E NORICORUM geweiht; der Peregrine war thrakischer Herkunft. Die Lesung seines Namens ist umstritten. Der *duplicarius* erhielt den doppelten Sold eines gemeinen Reiters.

Abb. 38: Zons 1989, Befund 7. Urne mit mehreren kleinen flaschenförmigen Gefäßen.

Zons
Spätestens um die Mitte des 19. Jahrhunderts wurden unmittelbar nordwestlich vor der Zonser Altstadt[52] mehrfach römische Grabkeramiken entdeckt und dann 1856 auf einer Karte publiziert. Sicher 1902 wurden wieder Funde auf diesem antiken Friedhof gemacht, denn neben „*einigen Graburnen mit Knochenresten*" fanden sich „*Armspangen und eine Fibel aus Bronze*" – dies ist einem Schreiben des ‚Provinzial-Conservators der Rheinprovinz' in Düsseldorf an den Direktor des Provinzialmuseums in Bonn vom 20. März dieses Jahres zu entnehmen. Im Rahmen von Schachtungsarbeiten stießen dann 1926 (Abb. 37) Bauarbeiter an der ehemaligen Steinstraße 14, der heutigen Deichstraße, wiederum auf eine Urne. Der Dorflehrer ließ eine Fotografie der Arbeiter mit ihrem Fund anfertigen und notierte in der örtlichen Schulchronik: „*Bei den Ausschachtungsarbeiten eines Vierfamilienhauses an der Straße nach Stürzelberg wurde eine aus dem 1. Jahrhundert nach Christus stammende Grabstätte freigelegt. Merkwürdig erscheint, daß die Gefäße keine 80 cm unter der Erde sich noch in einem gut erhaltenem Zustande befinden.*" Offenbar war der Pädagoge überaus sachkundig, denn seine zeitliche Ansprache des Materials war richtig. Bald erfuhr auch der Zonser Bürgermeister von den Funden. Dieser informierte das Bonner *Provinzialmuseum*, das heutige Rheinische Landesmuseum des LVR, an der Colmantstraße in Bonn. Und er war es wohl auch, der einen der damals bekanntesten deutschen Archäologen in das Rheinstädtchen rief: Dr. Constantin Koenen[53] aus Neuss. Der besah sich die Keramiken und schrieb am 19. Mai 1926 eine Postkarte mit seinen Eindrücken an Professor Dr. Hans Lehner, den Leiter

des Bonner Ausstellungshauses: Von Gräbern aus der Zeit der römischen Imperatoren Augustus und Tiberius ist da die Rede, und an eine frühe militärische Siedlung sei zu denken. Spätere Untersuchungen sollten seine beiden Einschätzungen bestätigen.

Aber erst 1989 fand dann eine planmäßige wissenschaftliche Ausgrabung statt. Insgesamt wurden 43 Brandgräber aus der 1. Hälfte des ersten nachchristlichen Jahrhunderts ausgegraben. Dabei handelte es sich fast ausschließlich um gedeckelte Urnenbestattungen. Als Beispiele hierfür seien die Gräber 7, 9 und 12 genannt. Die mit Knochenbrand gefüllte Urne der Grabstelle 17 etwa war mit einem Ziegelbruchstück bedeckt. Bemerkenswert ist sicher auch Befund 7: Unmittelbar bei der Urne dieses Grabes mit dem Leichenbrand fanden sich mehrere kleine flaschenförmige Gefäße aus Glas und

Abb. 39: Zeichnerische Rekonstruktion eines bustum, eines römischen Brandgrabes.

rotem Ton (Abb. 38). Neben diesen Urnenbestattungen liegt auch ein Ziegelplattengrab vor, das für die Interpretation des Bestattungsplatzes von Bedeutung ist (s. u.); die Machart der Keramik schließt ein einheimisches Gräberfeld sicher aus.

Vor der Christianisierung des römischen Reiches und den damit einsetzenden beigabenlosen Körperbestattungen verbrannten die Römer in der Regel ihre Verstorbenen vor der Beisetzung. Unter den provinzialrömischen Brandgräbern werden mehrere Typen unterschieden[54]. So enthält ein Urnengrab neben den Beigaben einen Behälter, nämlich die Urne (‚*urna*'), zur Aufnahme von den von Erde, Asche und Holzkohle gereinigten übrig gebliebenen Knochenteilen des verbrannten Leichnams. Ein Urnengrab enthält aber explizit keine Reste des Scheiterhaufens. Ähnlich sieht

Abb. 40: Freilegung einer provinzialrömischen Erdbestattung bei Delrath, Stüttgerhof.

ein Brandschüttungsgrab aus, nur dass hier die Scheiterhaufenreste mit ins Grab gelangten. Das Brandgrubengrab dagegen ist als urnenlose Bestattung in Grubenform definiert; es enthält neben dem Knochenbrand und den Beigaben auch Holzkohle- und Aschereste vom Scheiterhaufen. ‚Urnengrab', ‚Brandschüttungsgrab' und ‚Brandgrubengrab' sind in Ermangelung auf uns gekommener lateinischer Bezeichnungen wissenschaftliche Hilfsbegriffe der archäologischen Forschung. ‚*Bustum*' dagegen ist eine überlieferte antike (lateinische) Bezeichnung, die durch den Grammatiker Sextus Pompeius Festus (2. Jahrhundert n. Chr.), der auf dem Grammatiker Verrius Flaccus fußte, überliefert wurde; dies bedeutet, dass diese Bezeichnung schon zu Beginn der römischen Kaiserzeit Allgemeingut war. Festus schreibt: „*Bustum ... proprie dicitur locus, in quo mortuus est combustus et sepultus ...*". („Bustum … wird speziell der Platz genannt, an welchem der Tote verbrannt und bestattet worden ist …") (Abb. 39). Bei einem *bustum* handelt es sich um eine Brandbestattung, bei der der Tote oberhalb oder in einer ausgehobenen Grabgrube auf einem Scheiterhaufen verbrannt wird. Der Ort der Verbrennung und der Ort der Bestattung sind also identisch; demzufolge finden sich im Grabungsbefund Reste der Knochen und des Scheiterhaufens, der persönlichen Ausstattung des / der Verstorbenen sowie die Grabbeigaben.

Die Befunde und Funde – insbesondere die Keramik (Höckerhenkelamphoren) und die anderthalbfüßigen *tegulae* (Leistenziegel) aus dem Ziegelplattengrab – deuten auf das Gräberfeld eines Militärlagers hin. Ein solches Lager ist allerdings bislang aus Zons nicht bekannt und datiert älter als die Militärziegelei im nahen Durnomagus (Dormagen) und die dortige Kaserne. Es bleibt zu überlegen, ob das Zonser Holzerdelager mittlerweile modern überbaut ist, unter der Altstadt zu suchen wäre oder durch Verlagerungen des Rheinstroms bereits abgetragen wurde. Es handelt sich in Zons also um einen frühkaiserzeitlichen Bestattungsplatz eines möglicherweise schon aus tiberischer Zeit datierenden Militärlagers; sicher ist eine claudisch-neronische Datierung der Nekropole. Der aktuelle dortige Straßen-

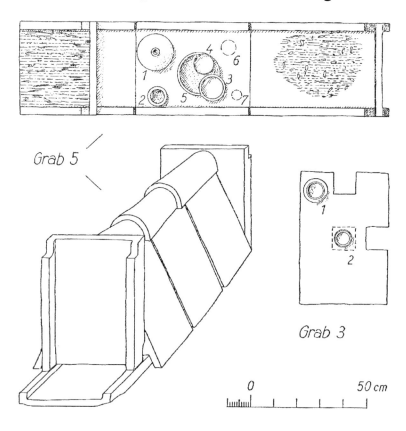

Abb. 41: Nievenheim ‚Balgheimer Driesch': Gräber 3 und 5 (Untersuchung 1929).

name lautet ‚Am Römerfeld'. Das Zonser Gräberfeld, dessen zugehöriges Militärlager bisher nicht gefunden worden ist, zeigt, dass in der frühen Kaiserzeit massive militärische Aktivitäten im Raum Zons, Bürgel und Dormagen stattgefunden haben müssen, die noch ihrer Erforschung harren.

Delrath
1998 legten Archäologen im Vorfeld der Verlegung einer Erdgasleitung rund 550 m westlich des Stüttgerhofes einen kleinen Friedhof (Abb. 40) aus der Römerzeit[55] frei, der allerdings nur in Teilen erfasst werden konnte. Ergraben werden konnten mindestens dreizehn Grablegen; es fanden sich sowohl Brandgruben-, Brandschüttungs- und Urnengräber. Die Gräber datieren in die Zeit zwischen der Mitte des 1. und den Anfang des 3. nachchristlichen Jahrhunderts. Die kleine Nekropole dürfte zu einem römischen Landgut (*villa rustica*) gehört haben, das sich unmittelbar südöstlich als Oberflächenfundstreuung zu erkennen gibt. Im folgenden Text werden drei der Gräber beispielhaft vorgestellt. An Stelle 12 zeigte sich das *bustum* als rechteckige Grube (1,2 m x 0,57 m), deren Wände durch die Hitzeeinwirkung des Scheiterhaufens verziegelt waren. Die lehmige Verfüllung der Grube enthielt zahlreiche Holzkohlen. Dem Grab lassen sich vier Keramikgefäße – ein Kochtopf, ein Firnisbecher sowie zwei Henkelkrüge – zuordnen, die unverbrannt sind, also nicht auf dem Scheiterhaufen gestanden haben. Das Grab datiert in die Jahre um 200. Bei Stelle 19/20 fanden sich in einer quadratischen Grabgrube (0,8 m x 0,8 m) die Reste eines groben, braungrauen Kochtopfes mit nach innen gebogenem Rand; die Außenseite des Gefäßes ist

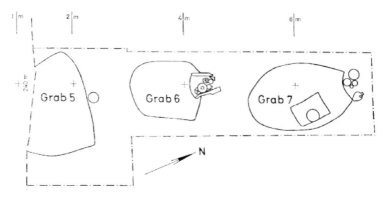

Abb. 42: Hackenbroich-Delhoven ‚Auf der Heide': Gräber 5-7 in der Aufsicht.

durch ein Reiserbesendekor verziert. Zugehörig zu diesem ältesten Grab dieses Platzes ist ein kleiner, rauhwandiger Becher. Der Komplex stammt aus der ersten Hälfte bis zur Mitte des 1. Jahrhunderts. Die Verfüllung einer annähernd quadratischen Grabgrube (Stelle 24) enthielt zahlreiche Holzkohlen, verbrannte Knochen sowie mehrere Metallfunde. Drei fragmentierte Gefäße wiesen sekundäre Brandspuren auf, standen also einst auf dem Scheiterhaufen. Eine danebenliegende Grube (Stelle 25) enthielt neben zwei Bechern zwei kleine Dolchfibeln, die besonders am Mittel- und Niederrhein während der zweiten Hälfte des 1. Jahrhunderts beliebt waren.

Nievenheim
Im Mai 1929 wurde eine Gruppe römischer Brandgräber im Dreieck zwischen Nievenheim, Straberg und Horrem aufgedeckt;[56] der Friedhof wurde aber erst über drei Dekaden später von Matthias Bös, einem ehemaligen Studienrat in Aachen, publiziert, der bei der Freilegung teilweise zugegen gewesen war. Grab 1 – darin ein Teller und ein gläsernes Gefäß – war durch

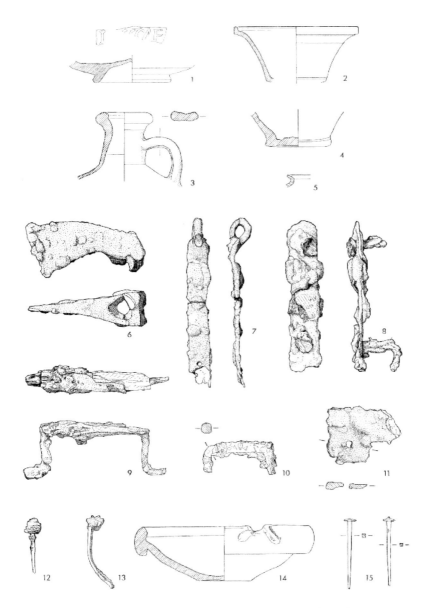

Abb. 43: Hackenbroich, Grab 5: 1-12, 15 = Primärausstattung, 14 = Sekundärausstattung.

zwei dachförmig zusammengestellte *tegulae*, also Leistendachziegel geschützt. Das Grab 2 war ebenso geschützt; geborgen wurden mehrere Becher. Bei dem Grab 3 (Abb. 41) standen zwei Gefäße, ein steilwandiger Becher und ein Becher mit scharfem Bauchknick, auf einem Block aus Tuffstein. Dieser maß 57 cm x 38 cm bei 24 cm Dicke; es soll sich bei diesem Objekt um einen sekundär verwendeten Zaunsockel handeln. In einer Grube (Grab 4) wurden Eisennägel gefunden, die auf eine aus Holzbrettern hergestellte Kiste schließen lassen, die Knochenbrand enthielt und von Ziegeln abgedeckt war. Dieses Grab enthielt zwei Beigaben, einen Firnis-Doppelbecher und einen weißtonigen Teller. Grab 5 war eine aufwändigere Konstruktion. Drei Tegulae[57] waren hintereinander gelegt; drei Ziegelplattenpaare waren dachförmig darüber gestellt und oben mit Imbrices abgeschlossen (Abb. 41). Die dreieckigen Öffnungen an den Enden waren durch senkrecht gestellte Platten verschlossen. In der Mitte des Grabes standen sieben Gefäße; daneben lag ein Häufchen Knochenbrand. Außerhalb des Grabes fand sich Holzasche mit Eisennägeln. Neben dem Grab fand sich eine ausgedehnte Brandschicht, die stark mit Asche durchsetzt war, so dass man hier ein Ustrinum[58], einen Verbrennungsplatz, annehmen darf. Mittig unter dem Plattengrab standen eine bauchige Flasche (Terra Nigra), ein steilwandiger Becher ohne Rand mit Tierfries – ein sogenannter Jagdbecher –, zwei Fußschalen aus Terra Sigillata von den Typen Dragendorff 35 und 40, ein rauhwandiger Teller sowie zwei weitere Gefäße. Die Gräber dieses kleinen Friedhofes liegen chronologisch nahe beieinander, nämlich in der 2. Hälfte des 2. Jahrhunderts.

Abb. 44: Mögliches Aussehen einer villa rustica, eines römischen ländlichen Agrarbetriebes.

Hackenbroich

1964 wurden beim Ausbaggern eines Kanalisationsgrabens durch den Tannenbusch nördlich des Holzweges römische Brandgräber[59] angeschnitten, von denen einige deutliche Hinweise auf Holztruhen enthielten. Das Gräberfeld – die zugehörige Siedlung oder Hofanlage ist noch nicht lokalisiert – hat eine Ausdehnung von mindestens 80 Metern. Mindestens acht Gräber konnten archäologisch untersucht werden. Grab 1 stammt aus dem dritten Viertel des 2. Jahrhunderts und enthielt viel Keramikbruch, u. a. die Bodenscherbe einer Glanzton-Tasse mit einem flachen Boden und dem bisher singulären Töpferstempel DISETVS. Die Gräber 2-3 stammen ebenfalls aus dem 2. Jahrhundert. Bei Grab 4 handelt es sich um ein *bustum*; der Grabbefund zeichnete sich 0,5 m unter der Oberfläche durch geringe Anziegelung der Schachtwände und den dunklen, eingefüllten Scheiterhaufenrückstand an. Er hatte einen ovalen Umriss, war 0,9 m breit, noch 1,5 m lang und lag 0,3 m tief. Aus der Verfüllung wurde nur wenig Knochenbrand, aber viel Holzkohle geborgen. Desweiteren gehören ein weißtoniger Einhenkelkrug mit zweistabigem Bandhenkel sowie mehrere korrodierte Eisennägel, Eisenringe mit bandförmigem Querschnitt, das Bruchstück eines Bleches und vieles andere mehr dazu. Grab 4 gehört zeitlich in die zweite Hälfte des 2. Jahrhunderts. Grab 5 (Abb. 42 und 43) war im Süden durch die Baggerarbeiten beschädigt; es datiert ins dritte Viertel des 2. Jahrhunderts. Die Verfüllung enthielt Scheiterhaufenrückstände; wohl in einer Grabnische war die Sekundärbeigabe deponiert worden, eine Reibschüssel (Abb. 43,14) mit Vertikalrand und schwach abgesetzter Randleiste. Zur Primärausstattung gehörte ein Glanzton-Teller (Typ Dragendorff 18/31); die Terra Sigillata weist einen Randdurchmesser von 18 cm und den Stempel des ostgallischen Töpfers TASSCAF (Abb. 43,1) auf. Bemerkenswert sind ein eisernes Zimmermannsbeil (Abb. 43,6), Truhen- und Kastengriffe, ein Schlossblech, ein Truhen-Gelenkband usw. Grab 6 (Abb. 42) war nordnordost-südsüdwest orientiert. Scheiterhaufenrückstände und Knochenbrandreste konnten geborgen werden. An der nordöstlichen Schmalseite befand sich eine aus Leistenziegeln gebaute Nische, die etwa zur Hälfte in die Grabgrube hineinragte; dort waren die Sekundärbeigaben niedergelegt worden, nämlich fünf Keramiken. Zur Primärausstattung gehören neben Gefäßresten ein eiserner Eckbeschlag, ein Truhengelenkband und anderes mehr. Grab 7 (Abb. 42) wies eine ovale Grabgrube (Länge 1,8 m, Breite 1,2 m) auf; der Leichenbrandbehälter mit Deckel stand in der Mitte der östlichen Längsseite und war von einem Leistenziegel abgedeckt. Ursprünglich stand das Gefäß wohl in einem Holzbehälter. Auch dieses Grab enthielt metallene Reste von Truhen; erwähnenswert ist ein

8 cm langer, stark korrodierter Schiebeschlüssel aus Eisen. Der Befund gehört in das dritte Viertel des 2. Jahrhunderts. Zu Grab 8 liegen wenige Beobachtungen vor; es datiert ans Ende des 1. und den Anfang des 2. Jahrhunderts. Von der primären Ausstattung verdienen etwa 20 Eisennägel, teils verbrannt, teils korrodiert, Erwähnung; sie waren bis 10,5 cm lang und teilweise umgeschlagen. 12 Beschlagnägel, eine gerippte Glasperle sowie eine – damals schon alte (!) – Münze seien noch genannt.

Nievenheim

Die Versorgung der römischen Kaserne in Dormagen, der zivilen Siedlungen und der regionalen Märkte be-

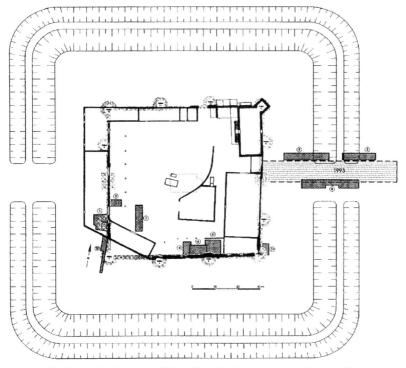

Abb. 45: Antikes Grenzkastell Haus Bürgel mit vorgelagerten Doppelgräben.

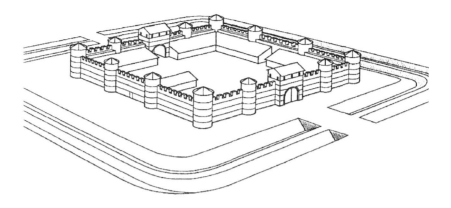

Abb. 46: Haus Bürgel: Zeichnerische Rekonstruktion des antiken Limeskastells.

sorgten Landgüter; solche Bauernhöfe werden *villae rusticae* genannt. Zahlreiche solche Höfe (Abb. 44) sind aus dem Dormagener Stadtgebiet bekannt; großräumig ergraben wurde bisher nur die Villa von Nievenheim, ‚Am Dammschen Pfad'.[60] Diese Höfe lagen in der Mitte ihrer Ackerländereien und Weiden. Das Hauptgebäude war das Zentrum eines solchen Gehöftes; dieses war von einer Mauer oder einem Zaun umgeben. Zu jedem Hof gehörte eine eigene Nekropole. Neben dem Haupthaus gab es zahlreiche Nebengebäude wie Stallungen, Scheunen, Speicher, Remisen und Werkstätten. Getreide wurde angebaut, Hausvieh wurde gehalten; zudem gab es Gemüsegärten. Die Villa in Nievenheim wurde nach der Mitte des 1. Jahrhunderts (Bauphase 1), wohl nach dem Bataveraufstand, in Fachwerkbauweise errichtet; dieser Hof bestand nur kurze Zeit. Im Zuge des Wirtschaftsaufschwunges zu Ende des 1. Jahrhunderts wurde die Anlage (Bauphase 2) umgebaut; es entstand ein nord-südlich ausgerichtetes und mit Stroh gedecktes Hallenhaus mit einer Grundfläche von 7,5 m x 8 m. Ein weiteres Gebäude, ein potentielles Gesindehaus, war dreischiffig angelegt; daneben gibt es Hinweise auf eine Hofschmiede. Weitere Gebäude und zudem mehrere Brunnen wurden freigelegt. Im Zentrum der Hofanlage – wohl erbaut zu Anfang des 2. Jahrhunderts – lag ein Teich; diese Anlage existierte bis um 250 und wurde dann erneut umgebaut. In dieser dritten Bauphase errichtete man ein Doppelrisalitgebäude mit Badetrakt und Ziegeldeckung, dessen gesamte Front nach Süden zeigte. Diese Anlage mit einem Areal von 5 ha war von einem Doppelgrabensystem umgeben; vielleicht handelte es sich dabei um mit einer dichten Hecke bewachsene Pflanzgräben. Der Hof wird vermutlich durch die Frankeneinfälle 275 zerstört worden sein; er wurde nicht mehr aufgebaut. Die Anlage fällt durch ihre immense Betriebsgröße von weit über 400 ha auf. Offenbar betrieb man nur zum geringeren Teil Ackerbau, sondern hauptsächlich Grünlandwirtschaft. In der Hofmitte, etwa 70 m vom Haupthaus entfernt, bestand ein großer Teich, der u. a. mit dem Regenwasser des Haupthauses gespeist wurde. Der gesamte Agrarbetrieb wird als Gestüt mit Tränke interpretiert, das den hohen Bedarf an Reittieren der benachbarten Kavallerie deckte.

Haus Bürgel
Haus Bürgel,[61] gelegen östlich von Zons in der rechtsrheinischen Auenlandschaft ‚Urdenbacher Kämpe' zwischen Düsseldorf-Urdenbach und Monheim-Baumberg (Kreis Mettmann), war bis in die 2. Hälfte des 14. Jahrhunderts (1374) linksrheinisch gelegen. Zu der Zeit, als die Reitereinheit in Dormagen lag (s. o.), bestand bei Bürgel schon eine nicht näher bekannte Kleinbefestigung. Dieses Zwischenkastell – vielleicht

zeitgleich mit der Errichtung des Kavallerielagers in Dormagen installiert – war wohl mit 40 Soldaten, die sich aus einer romanisierten Mischbevölkerung rekrutierten, belegt. Das Lager bestand aus einem Holzbau mit entsprechenden Unterkünften. Die Frauen und Kinder der Soldaten siedelten sich in unmittelbarer Nähe des Militärlagers an. Zu diesem Ensemble des 1. bis 3. Jahrhunderts gehört ein Gräberfeld im Osten des Kastells. Es konnten hier rund 90 Brandgräber freigelegt werden; die Nekropole dürfte aber deutlich umfangreicher sein. Sie ist zeitlich bis in die 1. Hälfte des 3. Jahrhunderts belegt. Zu Beginn des 4. Jahrhunderts, als die Reichsgrenzen unsicher geworden waren und Kaiser Konstantin I. neue Befestigungen errichten ließ, wurde dort dann ein spätrömisches Kastell (64 m x 64 m), ein ‚*castellum*' (Abb. 45), erbaut. Verwendung fanden dabei Steine, die in den Tuffbrüchen des Brohltals gewonnen wurden, und auch Spolien aus Dormagen. Dieser mächtigen, turmbewehrten Festung (Abb. 46) waren eine breite Berme sowie zwei Gräben vorgelagert. Bei den 12 Türmen handelt es sich um Rundtürme, die zu Zweidrittel aus der Wehrmauer nach außen hervorragten und innen hohl waren; die Ecktürme waren größer ausgelegt. An der West- und an der Ostseite befanden sich rechteckige Tortürme, der eine zur Limesstraße und das Osttor zum Hafen hin orientiert. Die Spätzeit dieser Anlage datiert in das frühe 5. Jahrhundert. Die Militärs, etwa 150 Grenzsoldaten, dieses Kleinkastells lebten mit ihren Frauen und Kindern innerhalb der Festung. Hier wurden Wirtschafts- und Lagerräume, Speicher, Werkstätten und ein Bad mit Kalt- und Warmwasserbecken inklusive Fußbodenheizung nachgewiesen; der Innenhof des Kastells war allerdings nicht bebaut. In jenen Jahren hielten bereits angeworbene Germanen aus dem Gebiet zwischen Rhein und Elbe im Auftrag Roms die letzte Wacht am Rhein - hier in Bürgel ebenso wie im spätantiken Kastell Durnomagus (s. o.). Als das Imperium dann in den Stürmen der Völkerwanderung endgültig zerbrach, ging auch die Bürgeler Anlage in Flammen auf; dies geschah irgendwann vor der Mitte des 5. Jahrhunderts.

Frühes Mittelalter (450 bis 1050)[62]

Dormagen

Mittlerweile muss diskutiert werden, ob auch in merowingischer Zeit die Ruine des Dormagener Alenlagers genutzt wurde, denn vor einigen Jahren wurde bei einer Ausgrabung im Humushorizont ein bemerkenswerter Kleinfund geborgen: eine ca. 12 mm lange Zikade.[63] Dabei handelt es sich um einen aufzunähenden Bestandteil einer völkerwanderungszeitlichen Tracht aus Bronze. Zikadendarstellungen finden sich in dieser Zeitperiode vornehmlich in Form von Fibeln; als Trachtaufnä-

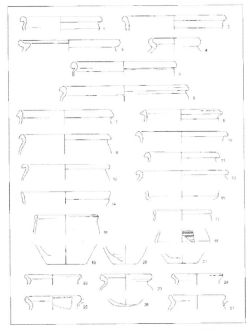

Abb. 47: Hackenbroich. Merowingerzeitliche Keramikfunde, u. a. Knickwandtöpfe.

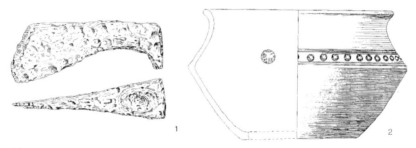

Abb. 48: Fränkische Wurfaxt (Franziska) aus Eisen und Knickwandtopf von der Florastraße.

her sind sie allerdings in Mitteleuropa sehr selten und eher im südosteuropäischen Donauraum zu finden. Das Fundstück datiert ins 5. Jahrhundert. Ob der singuläre Fund – weitere Funde oder gar Befunde liegen nicht vor – reicht, eine Weiternutzung des Kastells zu postulieren, ist ungewiss.

Haus Bürgel

Die soliden Mauern des Kastells von Bürgel wurden aber auch noch nach einem verheerenden Schadfeuer der Spätantike genutzt. In fränkischer Zeit (frühes 8. Jahrhundert) – Bürgel war damals vermutlich ein königliches Gut – diente die Anlage weiterhin als Festung. Wahrscheinlich schon in karolingischer Zeit wurde der Hof entfestigt, d. h. die

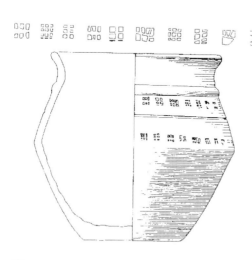

Abb. 49: Mit Rollstempeln verziertes Gefäß aus dem Dormagener Süden (Bayer-Werk).

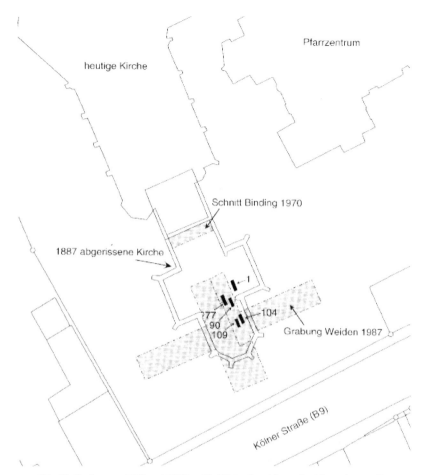

Abb. 50: Grabungen 1970 und 1987 an St. Michael und Lage der Merowingergräber.

Tortürme wurden abgebrochen; zumindest Teile der übrigen Türme blieben bis mindestens ins 16. Jahrhundert ruinös erhalten. Um 1000 taucht dann der heutige Name ‚*castrum in burgila*' urkundlich auf. Zu dieser Zeit präsentierte sich die Anlage als Burg mit zugehörigem Gutshof; das genaue Aussehen der fortifikatorischen Anlage ist nicht bekannt. Aus jenen Tagen ist heute nur noch der Turm, der Bergfried aus dem 14.

Jahrhundert, erhalten. Spätestens seit dem Jahre 1147 ist ebendort urkundlich eine Kapelle St. Maternus belegt; sie besaß Pfarrrechte und war die Mutterkirche von St. Martinus in Zons.[64]

Hackenbroich
Zwischen Dormagen und Hackenbroich wurde im Rahmen einer Ackerprospektion im Jahre 1968 auf einer flachen Geländekuppe die Trümmerstelle – mehr als 2000 Artefakte wurden aufgelesen – eines ehemaligen und recht ausgedehnten römischen Landgutes entdeckt. Die Hofanlage existierte nach Ausweis des aufgefundenen Scherbenmaterials vom Ende des 1. Jahrhunderts nahezu zwei Jahrhunderte lang, bis sie im Verlauf des 3. Jahrhunderts von ihren Bewohnern aufgegeben

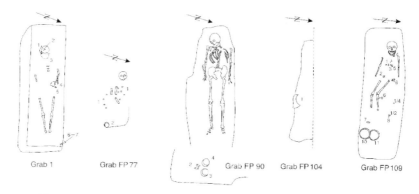

Abb. 51: Dormagen, St. Michael an der Kölner Straße. Frühmittelalterliche Gräber.

wurde, denn spätrömische Scherbenfunde fehlen vollständig. Im Fundgut fanden sich aber fränkische Scherben, also Keramikbruchstücke aus der Merowingerzeit – Töpfe, vor allem Wölbwandtöpfe, Knickwandschalen und -töpfe. Neben rauhwandiger, stark sandgemagerter und beigefarbener Drehscheibenkeramik, der für diese Zeit typischen Gebrauchskeramik, liegt u. a. eine einzelne Gefäßwandscherbe eines rollstempelverzierten Knickwandtopfes vor. Das gesamte keramische Material (Abb. 47) belegt eine fränkische Siedlung an diesem Ort im Verlauf des 5. Jahrhunderts. Mit einer kleinen Gruppe von Gefäßscherben lässt sich das Ende der Siedlung fassen: Töpfe mit innengekehltem Rand und Mehrhenkelkrüge sind für das 7. und 8. Jahr-

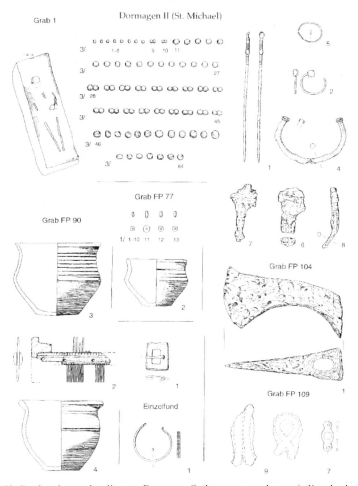

Abb. 52: Fundstücke aus den diversen Dormagen Gräbern, unter anderem ein Knochenkamm.

hundert charakteristisch; dazu passen auch einige sog. Linsenböden. Diese späten Keramiken unterscheiden sich deutlich nicht nur in den Formen, sondern auch in der Ware. Alle diese Funde zeigen, dass sich auf dem Areal eines ehemaligen römischen Bauernhofes wohl im fortgeschrittenen 5. Jahrhundert erneut Menschen niederließen und ebenfalls einen Einzelhof betrieben. Zu diesem Zeitpunkt hatte die Agraranlage etwa ein Jahrhundert wüst gelegen. Die neu entstandene kleine Siedlung bestand bis zum Beginn des 8. Jahrhunderts.[65]

Dormagen
Beim Bau einer Wasserleitung 1969 wurde an der Florastraße 3[66] ein romanisches Gräberfeld des späten 5. und frühen 6. Jahrhunderts entdeckt. Bei den Funden handelt es sich um einen Knickwandtopf (Abb. 48,2) mit zwei umlaufenden Spiralrillen in zwei bis drei Umläufen und dazwischen Abdrücken eines Kreiseinzelstempels und um eine 17,9 cm lange eiserne Axtklinge (Abb. 48,1); die Funde mit deutlich unterschiedlicher Zeitstellung – das Waffenfragment ist einige Dekaden jünger als die Keramik – stammen aus verschiedenen Gräbern eines wohl länger belegten Ortsgräberfeldes einer fränkischen Siedlung. Bei der Axt handelt es sich um eine Franziska, also eine Sonderform der Wurfaxt, die vor allem von den merowingerzeitlichen Franken bis zum Ende des 6. Jahrhunderts verwendet wurde.

Im Jahre 1918 schickten die *‚Farbenfabriken vorm. Friedr. Bayer & Co.'* eine Mitteilung an den oben bereits erwähnten Archäologen C. Koenen: *„Bei den Ausschachtungen unserer Neubauten haben wir an einer Stelle eine Urne und auch Schädelknochen gefunden.*

Falls Sie Interesse haben, bitten wir um Ihren Besuch. Auch ist die Gelegenheit gegeben, an der Fundstelle noch weiterzuforschen, da die Ausschachtungen weiter gehen". Weitere Nachrichten liegen bedauerlicherweise nicht vor. Der Fundort konnte mittlerweile hinreichend genau lokalisiert werden; er ist heutzutage mit Industrieanlagen überbaut. Bei dem Fund handelt es sich um einen Knickwandtopf (Höhe 14,9 cm) der Niederrheinphasen 7-8[67]; d. h. er datiert ins späte 6. und die erste Hälfte des 7. Jahrhunderts. Verziert ist das Gefäß mit zwei Spiralrillen in zwei Umläufen auf der Oberwand und zwei Reihen mit Abdrücken eines Rechteckrollstempels (Abb. 49). Auch dieser Fund zeugt

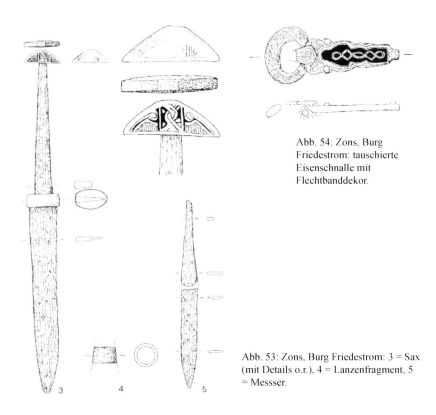

Abb. 54: Zons, Burg Friedestrom: tauschierte Eisenschnalle mit Flechtbanddekor.

Abb. 53: Zons, Burg Friedestrom: 3 = Sax (mit Details o.r.), 4 = Lanzenfragment, 5 = Messser.

von dem Gräberfeld einer ehemaligen Siedlung.[68]

1970 führte Günther Binding wegen des Abrisses und Neubaues der Dormagener katholischen Pfarrkirche St. Michael – die Ortschaft wird im Mittelalter gemeinsam mit seiner Kirche erstmals 1249/50 erwähnt[69] – Untersuchungen am neugotischen Baukörper und an dem älteren Westturm durch. Ergebnis war die Freilegung einer frühmittelalterlichen Saalkirche und die Aufdeckung von drei merowingerzeitlichen Bestattungen. 1987 betreute die Grabungstechnikerin Birgit Weiden von archäologischer Seite die Umgestaltung des Kirchenvorplatzes (Abb. 50). Es wurden ebenfalls merowingerzeitliche Gräber aus einem ungewöhnlich engen Zeitabschnitt zwischen etwa 530 bis 570 freigelegt; diese sind nicht einem früh einsetzenden Kirchhof, sondern einem Ortsgräberfeld zuzuordnen. Es gibt noch einige beigabenführende jüngere Gräber; danach wird der Platz aufgelassen. Funde und Gräber aus karolingischer Zeit fehlen; die erste, nicht näher datierbare

Abb. 55: Zeichnerische Rekonstruktion fränkischer Tracht von Mann und Frau.

steinerne Saalkirche – ein hölzerner Vorgängerbau fehlt – sitzt auf den oben erwähnten merowingerzeitlichen Grabstätten auf und wurde erst nach dem 8. Jahrhundert errichtet. Mehrere Gräber seien hier genannt: Grab 1, Grab FP 77, Grab FP 90, Grab FP 104 und Grab FP 109 (Abb. 51); vorgestellt sei hier knapp Grab FP 90. Das orientierte Skelett – Spuren eines Sarges konnten nicht beobachtet werden, obwohl mehrere Sargnägel vorhanden waren – lag in gestreckter Rückenlage; dabei lagen die Arme parallel zum Körper. Es stammt von einem 60-70 Jahre alten Mann;[70] zu seinen Grabbeigaben zählte neben anderen keramischen und metallenen Funden ein beinerner Kamm (Abb. 52).[71]

Zons
Ausgrabungen 1980/81 im Areal der Burg Friedestrom in Zons erbrachten eine hochmittelalterliche Saalkirche mit Rechteckchor von 13,5 m x 15,5 m – Phase II – aus der Zeit um 1000; darunter wurde eine große langrechteckige und undatierte Grube erfasst (Phase I), die vielleicht zu einem größeren Grubenbau gehörte. An dieser sekundären Fundstelle wurden eng beieinander merowingerzeitliche Objekte entdeckt, die wohl Inhalt eines gut ausgestatteten Männergrabes der Niederrheinphase 9 waren. Klar ist, dass diese Stücke erst sekundär an ihre spätere Fundstelle gelangt sind. Dies würde eine Datierung dieses in sich stimmigen Inventars aus Einzelfunden in den Zeitraum zwischen den Jahren 640 bis 670 bedeuten. Gefunden wurden mehrere Reste einer Spatha mit Resten der Holzscheide, also Fragmente eines einhändig zu führenden zweischneidigen Langschwertes; es fehlen bedauerlicherweise die markanten Teile wie die Griffpartie. Im Röntgenbild

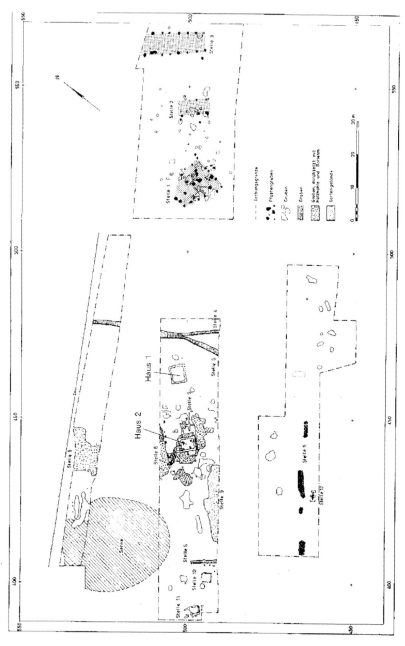

Abb. 56: Balgheimer Hof: Übersicht über die ergrabenen archäologischen Befunde.

ist deutlich die Winkeldamaszierung in wechselnder Richtung erkennbar; Damaszierung ist im Rheinland selten und ein Merkmal qualitätvoller Klingen. Des Weiteren liegt ein Sax vor; das ist ein einschneidiges Hiebschwert, das fest am Hosengürtel getragen wurde. Bei dem vorliegenden Fund handelt es sich um einen schweren Breitsax; seine sehr lange Griffangel zeigt, dass er als beidhändig zu führende Waffe ausgelegt war. Der dreieckige Knauf ist mit Einlegearbeiten mit Flechtbandmotiv mit degenerierten Tierköpfen verziert. Beide Waffen sind aus Eisen; der Knauf des Saxes ist mit Messingfäden und Silberplattierung tauschiert; zugehörig ist ein breites bronzenes Scheidenmundblech. Ebenfalls zur Waffenausstattung des Grabes dürften ein Tüllenfragment gehören, das wohl einer Lanzenspitze zuzuordnen ist, und ein eisernes Messer (Abb. 53). Besondere Erwähnung verdient eine bichrom tauschierte Eisenschnalle – Hauptdekor ist ein Flechtband in Form einer mehrfachen Achterschlaufe – mit Beschlag, datiert in die späte Phase 9 der Niederrhein-Chronologie nach Siegmund. Die Tauschierung ist aufgrund der verwendeten Materialen Silber und Bronze zweifarbig. Das Stück könnte zu einer Gürtelgarnitur (Abb. 54) der Männertracht (Abb. 55) gehört haben oder aber zu einem Wehrgehänge.[72] Siegmund nimmt *„für das siedlungsgünstig erhöht am Rhein gelegene Zons in der Merowingerzeit"* eine Siedlung an, deren Ortsgräberfeld noch *„unentdeckt"*[73] ist; aus einem Grab dieser Nekropole könnten die Beigaben entnommen worden sein. Die Stücke wurden wohl als ‚Reliquien des heiligen Martin' zur Erhöhung der Bedeutung der Kirche intentionell dort niedergelegt.

Abb. 57: Balgheimer Hof: Bruchsteinkeller Haus 2 aus dem Hochmittelalter.

Gohr

In Broich wurden vor 1876 beim Kiesgraben zwei geostete Skelettgräber mit Beigaben in unmittelbarer Nähe von Mauerresten aufgedeckt. Fundplatz ist wohl eine Sand- und Kiesabgrabung an der Mittelterrassenkante östlich des Bergerhofes. Die Anlage wurde durch den bereits mehrfach erwähnten C. Koenen planmäßig untersucht. Bedauerlicherweise ist die Dokumentation ebenso verschollen wie das Fundmaterial; es liegen lediglich kurze publizierte Notizen vor. Es soll sich um einen längsrechteckigen Bau von 28 m Länge und etwa 4,5 m Breite gehandelt haben. Die Fundamentstärke wird mit 0,66 m angegeben; fundamentiert wurde auf einer dünnen Lehmpackung. An der nach Osten gelegenen Längsmauer befand sich ein halbkreisförmiger Vorsprung; die Mauern aus römischen Spolien waren gemörtelt. Innerhalb des Gemäuers fand sich eine Brandschicht, die dem Neusser Archäologen zufolge mit der Zerstörung des Baues in Zusammenhang steht. Darin fanden sich neben verkohlten Holzresten ein eiserner Hohlmeißel, Teile eines eisernen Türbeschlags, Keramikfragmente und angebrannte Knochen, u. a. humane Schädelteile. Das hart gebrannte Scherbenmaterial zeigt teilweise Rollstempelverzierung und soll dem Neusser Archäologen zufolge ins 9. Jahrhundert datieren. Die zeitliche Ansprache des Materials ist unsicher, teils widersprechend; das Material könnte auch älter sein. Auch die beiden Gräber sind chronologisch nicht sicher ansprechbar; hier geht die mögliche Bandbreite von der römischen Kaiserzeit bis ins Hochmittelalter. F. Siegmund schlägt unter deutlichem Vorbehalt für den Befund eine spätantike Anlage vor, die auch im frühen Mittelalter noch genutzt wurde.[74]

Balgheim[75]
Balgheim lag etwa im Dreieck zwischen Nievenheim, Straberg und Horrem; von dieser Wüstung Balgheim zeugen auch tradierte Flurbezeichnungen. Das Areal dieses abgegangenen Dorfes wurde 1991 archäologisch untersucht (Abb. 56), da es durch den Betrieb einer Sand- und Kiesgrube abgegraben wurde. Eine Reihe Ost-West ausgerichteter Pfosten konnte als ein einst strohgedecktes Gebäude mit Mittelpfostenreihe von ca. 13 m Länge und 9 m Breite mit einem Anbau im Süden (Stelle 1) rekonstruiert werden. Es handelte sich bei diesem Wohn- und Wirtschaftsgebäude um ein

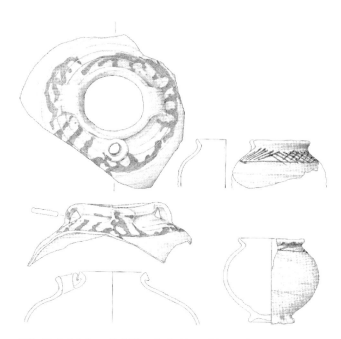

Abb. 58: Balgheimer Hof. Pingsdorfer Tongefäße aus den Grubenhäusern.

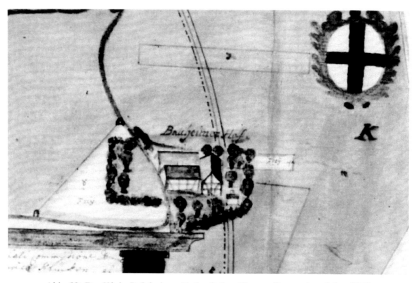

Abb. 59: Der Klein-Balgheimer Hof auf einer Topografie aus dem Jahre 1742.

Fachwerkgebäude, dessen Gefache durch lehmverputztes Flechtwerk ausgefüllt waren. Das Gebäude war von Gruben umgeben; in diesen sekundär verfüllten Lehmentnahmegruben fanden sich zahlreiche Scherben, verkohlte Überreste von Eiche und Buche und Samen von Getreide, Saathafer, Roggen und Acker(un)kräutern. Der Eingang zu dem Haus wird mittig an der Ostseite gelegen haben; der Innenraum war vermutlich unterteilt. Nach Ausweis der Keramik – karolingische und Pingsdorfer Ware – existierte der Komplex vom 9. bis in das 11. Jahrhundert hinein. Östlich davon fanden sich zwei weitere Grundrisse von zugehörigen Gebäuden. Stelle 2 misst 9 m x 6 m, Stelle 3 dagegen 16 m x 7 m; es handelte sich um Scheunen in Fachwerktechnik. Zwischen den Gebäuden wurden Zäune nachgewiesen; zudem war diese Hofanlage zum Schutz von einer Umzäunung oder einem Pflanzgraben (Stelle 4) umgeben. Eventuell fiel diese Hofstelle einem Schadfeuer zum Opfer. Balgheim, eine dorfähnliche Ansiedlung, entstand also im Zuge der fränkischen Landnahme im 9. Jahrhundert; zur Mitte des 12. Jahrhunderts sind ebendort allerdings nur noch zwei Hofstellen nachweisbar. Die Wasserversorgung der Siedlung respektive der späteren Höfe erfolgte über Brunnen; 1996 wurden zwei Brunnen im Umfeld von Balgheim ergraben. Einer von ihnen war im 11. / 12. Jahrhundert erbaut worden; bei dem anderen handelt es sich um einen sogenannten Baumbrunnen, dessen Nutzungs- und Verfüllungszeit vom 9. bis zum 11. Jahrhundert zeitlich zu fassen ist.[76]

Hochmittelalter (1050 bis 1250)

Balgheim

Schriftliche Quellen[77] erwähnen eine Siedlung oder eher einen großen Hof respektive zwei Höfe in Balgheim ab der Mitte des 12. Jahrhunderts. 40 m im Westen der oben beschriebenen Hofanlage fand sich ein jüngerer Hof, der ebenfalls mit einem Graben (Stellen 4 und 5) umgrenzt war. Ergraben wurden zwei hochmittelalterliche Steinkeller (Häuser 1 und 2) und Reste eines Wirtschaftsgebäudes (Stelle 6); auch hier sind in Ermangelung jeglicher Dachziegelfragmente Strohdeckungen der Dächer anzunehmen. Haus 1 wurde wohl kurz nach dem potentiellen Brand der älteren Hofanlage Stelle 1 (s. o.) errichtet. Über dem Lehmstampfboden des Kellers von Haus 1 lag eine mächtige Brandschicht, die aufgrund des enthaltenen Scherbenmaterials – u. a. späte Pingsdorfer Ware – zeitlich im ausgehenden 12. oder beginnenden 13. Jahrhundert anzusetzen ist. Zu dieser Zeit fällt das Gebäude wüst und wird nicht wieder aufgebaut. Das aufgehende Mauerwerk dieses Steinkellers diente übrigens als Unterbau eines Ständerhauses. Auffallend viele botanische Reste enthielt eine Abfallgrube östlich von Haus 1, die ins 12. / 13. Jahrhundert datiert wird. Nachgewiesen wurden Erbsen und Gartenmelde als Gemüsepflanzen, die Cerealien Roggen, Hafer, Gerste und Buchweizen sowie zahlreiche Arten von Acker- und Wiesenkräutern. Nur 15 m nordwestlich entfernt fand sich ein zweiter, mehrfach umgebauter Keller von Haus 2 (Abb. 57). Auf der Mauerkrone fand sich noch der Ansatz eines Ziegelgewölbes; der Kellerboden bestand aus sorgfältig gesetzten Ziegelbacksteinen. An der westlichen Außenseite

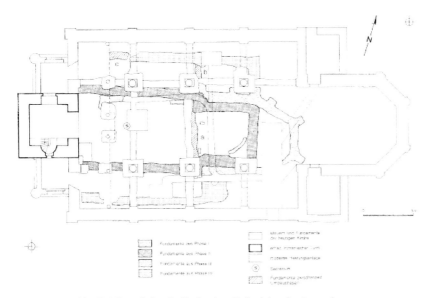

Abb. 60: Nievenheim, St. Pankratius. Befundplan der Ausgrabungen.

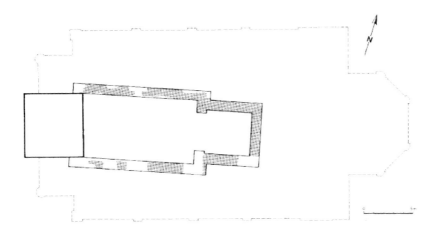

Abb. 61: Nievenheim, St. Pankratius. Saalkirche mit gotischem Chor (Phase II).

fanden sich ältere Fundamente; dieser ‚Annex' war mit Holzkohle und Hüttenlehm verfüllt; zudem fanden sich ebendort verkohlte Spuren von hölzernen Treppenstufen (Abb. 57 ①). Unter dieser Brandschicht fanden sich Scherben aus dem 12. / 13. Jahrhundert; ein Brand im 13. Jahrhundert hatte einen Vorgängerbau zerstört. Im Rahmen des Wiederaufbaues wurde der Kellereingang an die Nordseite verlegt (Abb. 57 ②). Auch dieser Keller war mit Brandschutt verfüllt; dieser datiert den Niedergang des Gebäudes ins 18. Jahrhundert. Die Umschrift auf einem Spruchteller aus Irdenware rät: *„lib mich allein oder* (lass) *das lieben ...* (sein), *anno 1758"*. In der Brandschicht des Kellereingangs waren verkohlte Pflanzenreste erhalten. Neben Roggen und Hafer konnte als Gemüse die spinatähnliche Melde und als Gewürzpflanze der Dill nachgewiesen werden. Hin-

Abb. 62: Schematische Darstellung einer hochmittelalterlichen Erdhügelburg.

Abb. 63: Spätbarocke Burg in Hackenbroich. Darstellung von Süden.

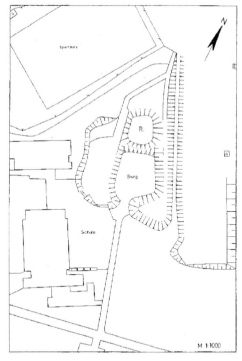

Abb. 64: Burg Hackenbroich, Bodendenkmal Neuss 03, mit Vorburg und Grabenanlage.

zu kamen als Obst Apfel, Pfirsich und Feigen; bei den beiden letztgenannten Sorten muss es sich um Importe aus dem Mittelmeerraum handeln. Wal- und Haselnuss ergänzten den Speiseplan. Nördlich an diesen Befund anschließend fand sich eventuell ein weiteres Wirtschaftsgebäude (Stelle 6). Stelle 8 belegt einen ehemaligen Weg, Stelle 9 ein Gartengelände. An Stelle 12, im Südwesten außerhalb der grabenumwehrten Hofstelle gelegen, fand sich das beigabenlose und bisher nicht datierte Grab eines Erwachsenen – ein ungewöhnlicher Fund für diese Epoche, liegt das Grab doch nicht auf einem regulären Friedhof. Westlich davon fanden sich mit den Stellen 10 und 11 zwei rechteckige Grubenhäuser mit den Maßen 2,5 m x 3 m bzw. 2,5 m x 2 m; sie datieren ins 11. / 12. Jahrhundert. Bei diesen in den Laufhorizont eingetieften Eckpfostenhäusern wurden die Giebeldächer von jeweils vier in den Ecken stehenden, größeren Pfosten getragen. Aufgrund von Gefäßscherben, u. a. von Vorratsgefäßen (Abb. 58), wird angenommen, dass sie wohl als Vorratsräume dienten.

Archäologische Grabungen belegen, wie bereits dargelegt, zwei Höfe. Es handelte sich zum einen um den Groß-Balgheimer Hof, einen Wirtschaftshof des Klosters Knechtsteden; er existierte bis 1663. Der *„balchemer Hoff"* – gemeint ist der Klein-Balgheimer Hof – brannte 100 Jahre später (1764) ab; wenig zuvor (1742) hatten Kölner Landmesser vor dem Hintergrund eines Rechtsstreites eine Karte von dem Hof und seinen ausgedehnten Ländereien angefertigt.[78] Der Hof ist als dreiflügelige Anlage in Fachwerkbauweise dargestellt. Zugehörig ist ein Backhaus; ein Brunnen ist auf dieser historischen Karte nicht dargestellt, aber sicher anzunehmen. Das stattliche Anwesen (Abb. 59), umgeben von einer Streuobstwiese mit altem Baumbestand, war durch eine dichte Hecke oder einen bepflanzten Graben geschützt.

Nievenheim
Karolingische Wurzeln hat wohl auch die Pfarrkirche St. Pankratius in Nievenheim (8. / 9. Jahrhundert). Eventuell passt der archäologische Befund (Abb. 60) einer Steinkirche – es handelt sich dabei um die Saalkirche mit halbrunder Apsis der Bauphase I, die über einem älteren Friedhof mit ost-westlich ausgerichteten

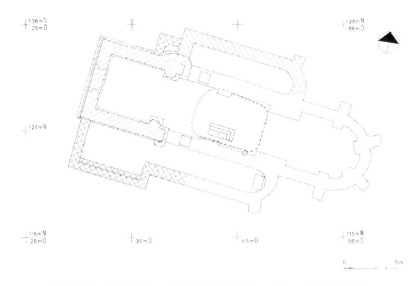

Abb. 65: Erste Holzkirche auf dem Plan der 2. Phase der zweiten Steinkirche.

Bestattungen erbaut wurde – zu diesem Datierungsansatz; eine urkundliche Nennung und eindeutig datierbare Sachfunde fehlen bedauerlicherweise bisher. Zwanglos passt allerdings das Pankratius-Patrozinium, das mehrheitlich für das 10. / 11. Jahrhundert belegt ist, zu dieser Annahme. Nach dem vollständigen Abbruch dieser Kirche folgte die Erbauung einer Saalkirche mit eingezogenem quadratischem Chor (Bauphase II), bei der der Chor (4,4 m x 4,4 m) und das Kirchenschiff (Länge = 11,15 m, Breite = 6,55 m) durch einen 4 m breiten Triumphbogen getrennt waren. Die Fundamente mit einer Breite von 1,1 m bestanden aus römischen Trümmern und Abbruchmaterial der ersten Kirche; sie konnten nahezu vollständig freigegraben werden (Abb. 61). Im Chor und teilweise auch im Gemäuer des Langhauses konnten Tuffhandquader in Lagen nachgewiesen werden. Diese waren, neu gebrochen und zugerichtet, aus den Tuffsteinbrüchen in der Eifel importiert worden; es handelt sich dabei explizit nicht um sekundär verwendetes Material aus antiken Trümmerstätten. Das aufgehende Mauerwerk dieses hochmittelalterlichen Kirchenbaues hatte eine Breite von 0,9 m. An diesen Baukörper wurde der romanische Turm aus dem 12. Jahrhundert angebaut; Kirche und Turm waren eindeutig – eine Baufuge konnte archäologisch nachgewiesen werden – in zwei Phasen erbaut worden, deren genaue Abfolge nicht sicher geklärt werden konnte. Allerdings steht der Turm schiefwinkelig zur Achse der Kirche, eine Ausrichtung, die von der Vorgänger-Apsidialkirche übernommen wurde; somit datiert der Turmbau nach dem Bau des Kirchenschiffes. Dieser Komplex

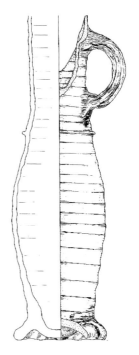

Abb. 66: Eine Jacobakanne, ein 26,4 cm hoher Krug aus Steinzeug, aus der Latrine.

datiert ins 11. / 12. Jahrhundert; er wird 1254 als Pfarrei urkundlich genannt. Ein späterer gotischer Chor (Bauphase III) datiert ins 14. / 15. Jahrhundert. Der Anbau der ungleichen Seitenschiffe, also die Bauphase IV, kann zeitlich ins späte 16. Jahrhundert gestellt werden. 1674, im Zuge des niederländischen Krieges, wurde der Sakralbau durch kaiserliche Truppen massiv beschädigt. Der Sakralbau fiel langsam ruinös und musste in Folge anno 1739 niedergelegt werden. Der heutige Backsteinbau datiert kurz vor der Mitte des 18. Jahrhunderts.[79]

Spätmittelalter (1250 bis 1500)

Hackenbroich

Ins späte Mittelalter gehört zeitlich auch eine erste Befestigungsanlage des lokalen Adels in Hackenbroich;[80] der Ortsname kennzeichnet eine Siedlung, die aus der Urbarmachung und Trockenlegung eines Bruchgebietes hervorgegangen ist. Westlich des historischen Ortskernes errichtete diese niedrige Adelsschicht eine Motte, also eine Niederungsburg. Die Anlage in Hackenbroich wird 1268 urkundlich genannt; dies dürfte in etwa die anzunehmende Entstehungszeit von Burg und Siedlung sein; sie gehören also in die große mittelalterliche Rodungs- und Landausbauphase, in der landsässige Adelige auch im Raume Dormagen das große Rodungs- und Siedlungswerk in den rheinischen Niederungen begannen. Im Jahre 1330 – dies ist die Spätzeit dieses Burgentyps, der sich wenig vor 1000 im nördlichen Frankreich entwickelte – wird sie als *„bourch zou Hackenbroich"* erwähnt. Ab dem Jahr 1348 hatten die Grafen von Salm-Reifferscheid die Burg – mit einem zeitlichen Hiatus – von den Kölner Erzbischöfen zu Lehen.

Kern einer solchen Anlage ist ein Hügel, der in einer sumpfigen Niederung, hier der bruchigen und verwaldeten Aue des mäandrierenden Pletschbaches, künstlich aufgeschüttet wurde; das Wasser dieses Baches füllte die umgebenden Gräben. Auf diesem Hügel stand ein hölzerner, später zumeist steinerner Wehrturm, der fortifikatorischen Anforderungen (Abb. 62) gerecht wurde und von einer Palisade umgeben war. Dem Turmhügel vorgelagert war in der Regel eine Vorburg mit Wirtschafts- und Wohngebäuden. Dieser zweiteilige Burgentyp erhob sich optisch-symbolhaft über die ländlich-bäuerliche Gesellschaft, aber zugleich auch wehrhaft gegenüber den niederadeligen Standesgenossen. Im 18. Jahrhundert wurde diese zwischenzeitlich marode gefallene Burg abgerissen und neu errichtet; diese Anlage bildete einst ein geschlossenes Viereck, das von einem 25 m breiten Wassergraben auf allen Seiten umgeben war. Auf der Südseite lag das Torhaus mit seinem rundbogigen Portal, welches über eine steinerne Brücke, die den südlichen Grabenabschnitt überspannte, erreicht werden konnte. Auf der Südwestseite dieser Burg ist auf historischen Karten ein weiteres, mit Wassergräben umgebenes Gelände von ungefähr rechteckiger Form auszumachen; es gehörte zur Burg und ist heute von einem Schulkomplex überbaut. Die-

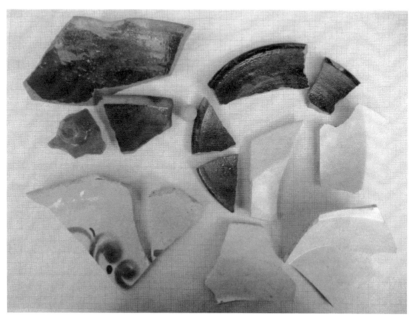

Abb. 67: Scherbenauswahl und Steinmurmel aus Fundkomplex B (Haus Nr. 9).

se Beobachtung deutet auf eine ursprünglich zweiteilig angelegte Wasserburg hin, von der später nur die Hauptburg bis um die Mitte des 20. Jahrhunderts überdauerte. Diese spätbarocke Bausubstanz (Abb. 63; U 3: hinterer Buchdeckel innen, oben) wurde dann 1953 intentionell niedergelegt. Das gesamte Ensemble (Abb. 64) ist bisher archäologisch noch nicht untersucht worden; da nicht komplett überbaut, bietet das Areal späteren Forschergenerationen mit dann wohl auch weiteren neuen (natur)wissenschaftlichen-technischen Methoden der Erkenntnisgewinnung die Möglichkeit, die Geschichte dieser Lokalität weiter zu ergründen und vielleicht auch darüber hinaus neues Wissen zur Burgengeschichte am Niederrhein zu erlangen.

Zons

In den 1980er Jahren fanden im Areal der Zonser Burg Friedestrom[81] archäologische Grabungen und baubegleitende Beobachtungen (s. o.) statt. Untersuchungen im Bereich der Holzkirchen, die die frühesten archäologischen Befunde darstellen, deuten auf eine nahe gelegene, jedoch außerhalb des Grabungsareals befindliche Ansiedlung, hin. Chronologisch folgt eine erste Steinkirche (Länge = 15 m, Breite = 6 m), dem heiligen Martin geweiht, mit zugehörigem, eng begrenztem Gräberfeld; neben Nägeln von Holzsärgen konnten drei Fragmente von relie-

Abb. 68: Darrenziegelfragment von der Biesenbachstraße 9-11 in Dormagen-Stürzelberg.

fierten Grabplatten aus Rotsandstein geborgen werden. Eine zweite vergrößerte Steinkirche (Abb. 65), ebenfalls mit Nekropole, datiert ins 13. und 14. Jahrhundert. Es handelt sich um Kirchen mit zugehörigen Kirchhöfen der herausgehobenen Bewohner eines Hofes. Dabei handelt es sich um den erzbischöflichen Fronhof, den die Schriftquellen seit dem 11. Jahrhundert erwähnen;[82] er besaß eine Eigenkirche. Das Schiff der letzten Steinkirche wurde abgerissen, obwohl sie noch intakt war, um an dieser Stelle die Festung zu errichten, die den Rheinzoll von Zons schützen sollte. Der Kirchturm allerdings blieb stehen und wurde zum Wohnturm umgewandelt. Ein Kirchenneubau erfolgte innerhalb der mit einer Mauer umwehrten Stadt. Die Burganlage aus dem 4. Viertel des 14. Jahrhunderts war luxuriös ausgestattet; beheizt wurde sie zusätzlich zu den offenen Kaminen durch Kachelöfen und die Fenster waren teilweise verglast. Die (keramischen) Funde aus der Zeit dieser Stadtburg weisen auf das Leben der Burgverwaltung und -besatzung, das vom Alltag der Zollsicherung dominiert wurde; nur gelegentlich hielten sich hier die Kölner Erzbischöfe auf. Das Sachgut zeugt also von einer Funktionalität der Burgausstattung und nicht etwa von Repräsentanz.

Frühe Neuzeit (1500 bis 1789)

Zons

Im Rahmen dieser Ausgrabungen in der ehemaligen Burg Friedestrom wurde auch eine gemauerte Schachtlatrine, die im Keller der ‚Archive im Rhein Kreis Neuss' in Zons erhalten wurde, ergraben; sie stammt aus dem 15. Jahrhundert. Die komprimierten menschlichen Fäkalien waren dort in einer Mächtigkeit von zwei Metern erhalten und enthielten neben Keramikscherben (Abb. 66) viel organische Substanz. Dabei handelt es sich um Reste der einstigen Speisen, die alle den Darmtrakt durchlaufen hatten. Tierische Relikte wie Gräten, Schuppen, Wirbel und Zähne belegen u. a. einen intensiven Fischfang und seine Bedeutung für die Ernährung der Bewohner der Rheinzollfeste. Auch Spuren von verzehrten Eiern, also Schalensplitter und Eihäute, konnten erkannt werden, ebenso Knochensplitter von Wirbeltieren, die allerdings bislang noch nicht näher bestimmt worden sind. Die pflanzlichen Überreste wurden von dem Neusser Pädagogen und Archäobotaniker Dr. Karl-Heinz Knörzer (1920-2009)[83] untersucht; 79 Pflanzenarten konnte er für diesen Befund nachweisen.[84] An Getreide wurden Roggen und Gerste bestimmt; an Hülsenfrüchten ist die Erbse vertreten. Kohl- und Senfsamenreste treten auffallend häufig auf; die Körner dienten wahrscheinlich als Gewürz. Vierzehn Obstarten konnten angesprochen werden, u. a. die Süß- und die Sauerkirsche, die Zwetschge und die Pflaume, Äpfel, Birnen usw.; sie dürften in den Zonser Gärten geerntet worden sein. Im Umland wurden ausweislich der botanischen Funde Haselnüsse und wild wachsende Beeren wie die Kratz- und die

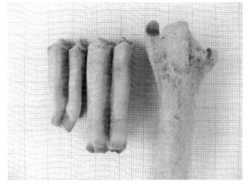

Abb. 69: Molaren von Schaf/Ziege und rechtes Schienbeinbruchstück von einer Ziege.

Abb. 70: Die ‚Ziegelhütte' (1835): Ofen, Trockenschuppen und Ziegelformung.

Brombeere gesammelt. Feigen und Weintrauben waren aus wärmeren Gegenden importiert worden; dies gilt wohl auch für die Waldbeere, die im Betrachtungsraum nicht vorkommt. Interessant ist auch der Nachweis der Kornrade. Diese (Un)krautpflanze ist durch zahlreiche schwarze Samenschalen belegt und stammt von den Getreidefeldern. Bei den damals noch unzureichenden Reinigungsverfahren war es nicht möglich, sie vom Erntegut zu trennen. Sie sorgten dafür, dass das Brot eine dunkle Färbung annahm. Allerdings war diese Beimischung nicht ungefährlich, denn die Radensamen enthalten giftige Alkaloide; mehr als 5% dieser Samen im Brot konnten zum Vergiftungstod führen.

Stürzelberg
Im Jahre 2001 fanden sich im historischen Ortskern von Stürzelberg an der Schulstraße 17 (Familie Hans

Helmut Jäkel) bei der Ausschachtung einer Baugrube drei Krugfragmente. Alle drei Steinzeug-Keramiken zeigen ausnahmslos frische Brüche; sie dürften also bei ihrer Auffindung vollständig gewesen und erst durch die Baggerarbeiten zerstört worden sein. Es dürfte sich um ein – bisher unveröffentlichtes – Gefäßdepot gehandelt haben. Es liegen Bruchstücke von drei Enghalskrügen mit unterschiedlichem Fassungsvermögen vor, die in die erste Hälfte des 16. Jahrhunderts datieren und in Siegburg gefertigt wurden. Die Krüge und Pullen, in denen Wein und Bier bevorratet wurde, wurden an der straßenseitigen Grundstücksgrenze geborgen; potentiell wurde ein Teil des Depots unbeobachtet abgebaggert. Eventuell lässt das Fundgut auf eine einstige Schankwirtschaft schließen. Keramische Lesefunde von diesem Grundstück legen eine Wohnbebauung dieser Parzelle bereits ab dem ausklingenden 14./15. Jahrhundert nahe.[85]

Späte Neuzeit (1789 bis heute)

Stürzelberg

Im Herbst des Jahres 2010 erwarb u. a. der Verfasser zwei historische Wohnhäuser[86] mit Anbauten und Freiflächen an der ehemaligen Haupt- und jetzigen Biesenbachstraße 9-11 in Stürzelberg[87]. Es handelt sich dabei um einen ehemaligen Nebenerwerbshof, einen sogenannten Ackererhof. Der Besitzer der Hausstelle verfügte mit diesem Haus resp. diesen Häusern über einen festen Wohnsitz; er war also – im Gegensatz zu Knechten – ‚ständig'. Er war als Tagelöhner in einem nicht gesicherten Arbeitsverhältnis tätig, vermietete also seine Arbeitskraft. Von dem so erwirtschafteten ge-

Abb. 71: Basis des Ziegelbrunnens in einer Kiesgrube in Gohr-Broich 1989.

ringen Lohn konnte er den Unterhalt für seine Familie allerdings nicht bestreiten. Im Nebenerwerb mussten also Milch, Rahm, Butter, Käse, Fleisch, Gemüse, Früchte usw. für den Eigenbedarf auf dem kleinen Hof produziert werden. Die Existenz der Hofbewohner beruhte also auf einer kombinierten Ökonomie, die durch das Zusammenspiel mehrerer Erwerbsquellen gesichert wurde. Das jüngere dieser Häuser (Nr. 9) ist mit seiner Schmalseite zur Straße orientiert; es wird – ebenso wie das rückwärtig gelegene, ältere Haus mit der Nummer 11 – längsseitig-mittig durch eine Haustüre erschlossen. Beide Häuser wurden dendrochronologisch untersucht; Haus Nr. 11 datiert um die Mitte der 1820er Jahre, Haus Nr. 9 wenig vor 1850. Solche giebelständigen Häuser prägten einst die Dörfer am oberen linken Niederrhein; zugehörig waren jeweils Ökonomieanbauten wie Scheunen, Schuppen und Ställe. Im Rahmen der Renovierungsarbeiten an den Gebäuden[88] und ihren deutlich jüngeren Anbauten, aber auch bei Baggerarbeiten vor dem Gebäudekomplex und bei Rodungs- und Kultivierungsarbeiten im südlich anschließenden Gartenareal konnten zahlreiche Fundstücke geborgen werden. Die Masse des oben erwähnten Fundmaterials stellten keramische Bruchstücke dar; das geborgene Keramikmaterial datiert kurz nach 1800 und ist wenig spektakulär (Abb. 67). Die einfache, meist unverzierte Gebrauchsware repräsentiert das Spektrum ländlicher Gebrauchskeramik eines einfachen Haushaltes des 19. und 20. Jahrhunderts, also Küchen- und Kellergefäße sowie Ess- und Trinkgeschirr: Teller und Schüsseln, Krüge und Kochtöpfe, Tüllentöpfe und Gefäßdeckel. Insgesamt besteht der Eindruck, dass der überwiegende Teil der benötigten Keramiken in Frechen (Rhein-Erft-Kreis) hergestellt worden ist. Mineralwasserflaschen und Bierflaschen ergänzen dieses Gefäßspektrum ebenso wie ein kleines Arzneigefäß. Milchsatten aus niederrheinischer Irdenware und aus Westerwälder Steinzeug stellen allerdings die bisher quantitativ größte Gefäßgruppe dar; diese Gefäßart diente zum Aufrahmen von Milch, also zur Trennung von Rahm und Milch, bzw. zur Produktion von Dickmilch oder saurer Milch. Diese Gefäßscherben belegen also deutlich die agrarische Komponente dieser bäuerlichen Haushaltung.

In diesen Zusammenhang passt auch der Nachweis einer Darre, denn unter den bei Erdarbeiten im Hofareal geborgenen Funden wurde das Eckfragment einer Ziegelplatte, eines Formziegels, identifiziert. Die gestrichenen Kanten des Ziegelfragmentes zeigen intentionell angebrachte, eckige Eindrücke. Das Bruchstück ist noch 9,4 cm lang, 7,9 cm breit und 3,4 cm dick und weist eine konische Durchlochung (Abb. 68)

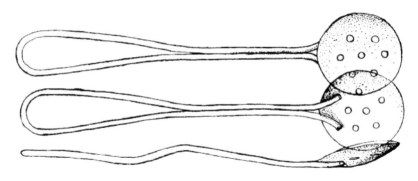

Abb. 72: Spätneuzeitlicher metallener Sieblöffel vom Rheinfelderhof.

und drei ebensolche weitere, allerdings nur fragmentarisch erhaltene Löcher auf; diese zeigen einen größten Durchmesser von 3 cm und sind in Reihen angeordnet. Es handelt sich dabei um das Bruchstück des Rostes eines Dörrofens, also um ein Fragment eines sog. Eesttegels. Dies ist der Einsatz einer Darre; eine solche Anlage diente der Trocknung – also Haltbarmachung – von Garten- und Feldfrüchten. Hier wurden in solchen Darren / Dörröfen wohl Kern- und Steinobst, Gemüse und Kräuter aus eigenem Anbau, aber auch etwa gesammelte Pilze usw. gedörrt bzw. gedarrt.

Das geborgene Knochenmaterial stammt aus drei Fundkomplexen. Es wurde lediglich die Tierart bestimmt, nicht aber wurden die Mindestindividuenzahlen usw. ermittelt. Die Knochen können anhand der Fundumstände und aufgrund der mitgefundenen und datierbaren Artefakte (z.B. Keramikscherben) grob in die Zeitspanne von etwa 1800 bis in die ersten Jahrzehnte des 20. Jahrhunderts datiert werden. Sie stammen von Rind, Schwein, Ziege (und eventuell Schaf) (Abb. 69), Hase und Huhn. Das Knochenspektrum gibt also einen Einblick in den Speiseplan der Bewohner dieser Hofstelle(n). Weiterhin gibt es erste vage Hinweise auf die Tierhaltung dieses Ackererhofes: Hühner-, Hasen- und evtl. Schweinehaltung. Sicher kann von der Haltung einer oder mehrerer Ziege(n) ausgegangen werden; diese Art ist in einem Fall mit dem Knochen einer Totgeburt für diese kleine Landwirtschaft sicher nachgewiesen. Aber auch die Präsenz von Schafen ist denkbar. Dabei ist zu beachten, dass alle diese Tierarten nicht zwingend zeitgleich gehalten worden sein müssen. Aus mehreren Fundkomplexen stammen Tonpfeifenfragmente; diese Stücke belegen den Genuss von Rauchtabak auf diesem kleinen Nebenerwerbshof. Des Weiteren liegen ein eisernes Messerfragment sowie zwei Gürtelschnallen vor, die typologisch nicht näher ansprechbar sind; gleiches gilt für das Bruchstück eines Wetzsteines zum (Nach)schärfen von Sensen- oder Sichelklingen aus Metall. Neben dem bereits erwähnten Kinderschuh liegt eine Murmel als Kinderspielzeug vor;[89] ein weiterer Fund belegt vor der Mitte des 19. Jahrhunderts das Dominospiel.

Gohr

Den Brunnen einer Feldbrandziegelei unmittelbar auf der Kante der Mittelterrasse konnte der Verfasser 1989 bei Gohr-Broich untersuchen.[90] Eine solche Ziegelhütte oder Ziegelscheune (Abb. 70) war ein vorindustrieller Betrieb zur Ziegelherstellung, wie er bis über die Mitte des 19. Jahrhunderts hinaus üblich war. Die Feldbrandöfen bestanden nur so lange, bis das im Abbau befindliche Tonfeld ausgeziegelt war. Ein solcher Betrieb wurde im saisonalen Nebenerwerbe betrieben. Er bestand natürlich aus den Gruben, die das Rohmaterial lieferten. Hinzu kamen Trockenschuppen und der

Schachtofen. Dieser bestand lediglich aus vier Mauern, die mit Schürlöchern versehen waren und mittels diverser Brennmaterialien – hier in Gohr fand wohl Torf[91] Verwendung – befeuert wurden. Der Ton wurde im Herbst mit Hacken und Spaten abgegraben und mit Schubkarren aus den Tongruben befördert. Das Material wurde zum Verwittern ausgelegt; es musste mindestens ein halbes Jahr offen liegen bleiben, bis es verarbeitungsfähig war. Nach der Verwitterung kam das Material unter Zugabe von Wasser in ausgekleidete Gruben; nun wurden auch Verunreinigungen wie Steine und Wurzeln entfernt. Zur Homogenisierung wurde das Material anschließend gestampft. Der nasse Ton wurde auf Streichtischen von Hand in rechteckige Formrahmen gestrichen. Unter Schutzdächern oder im Freien blieben die geformten Steine rund zwei Wochen liegen, bis sie lederhart getrocknet waren. Nach der Trocknung wurden die Ziegelrohlinge in den Ofen eingebracht; etwa 30.000 Steine fasste ein normaler Schachtofen. Sie wurden mit einem Mantel aus beschädigten Rohlingen umkleidet und mit Zwischenräumen für den Brennstoff aufgeschichtet. Die bis zu einer Höhe von 3,5 m Höhe aufgeschichteten Steine hatten die Form eines sich nach oben verjüngenden Quaders. Dieser Vorgang dauerte etwa drei Tage. Anschließend wurde das Ganze mit strohdurchsetztem Lehm bedeckt und verschmiert. Zum Brennen waren etwa neun Tage, zum Auskühlen des Ofens etwa fünf und für das Ausbringen der Steine zwei bis drei Tage nötig. Der gesamte Vorgang dauerte also insgesamt knapp drei Wochen. Dieses Brennverfahren besaß einige Mängel; beispielsweise war die Temperatur innerhalb der Ofenanlage uneinheitlich, so dass ungleich hart gebrannte Steine die Folge waren. Auch Fehlbrände waren häufig.

Der genannte Brunnen war in einer Kiesgrube aufgetaucht; die Ziegeleianlage war bereits abgegraben worden. Nach Auflassung der Ziegelei hatte man den unteren Teil der Brunnenröhre mit Fehlbränden, Balken der Schuppen usw. verfüllt; weitere anthropogene Verfüllungen folgen in zeitlichen Abständen. Zwischenzeitlich verfiel der obere Brunnenaufbau über dem Laufhorizont; in Folge rutschten Sand und Kies nach und auch zahllose kleine Wildtiere stürzten in die Röhre, wie ihre Knochen belegen. Der marode gefallene Brunnen stellte nun eine Gefahr auch für die Menschen dar und wurde unterhalb des Pflughorizontes kuppelartig zugemauert. Zwischen dieser Kuppel und den Verfüllschichten waren rund 15 m unverfüllt geblieben. Die archäologische Untersuchung erbrachte eine komplexe Baugeschichte dieses Brunnens in Absenktechnik (Abb. 71), auf die hier aber nicht näher eingegangen wird. Die Funde aus den Verfüll- und Versturzschichten datieren die Auflassung des Betriebes ungenau ins 19. Jahrhundert. Das Erbauungsjahr konnte mittels der Dendrochronologie einer Eichenbohle ermittelt werden: 1858 (+/- 5 Jahre); damit ist wohl auch das Alter der Ziegelei bestimmt. Die Ziegel waren wohl für die Errichtung von Gebäuden auf den nahen großen Höfen benötigt worden.

Hackenbroich
Etwa an der Roggendorfer Straße, das ist die Kreisstraße 18, etwa an der Einmündung der Bergiusstraße, finden sich auf der Flur „An der Kölner Straße" die Reste der ehemaligen Turmwindmühle von Hackenbroich, eine kreisförmige Ruine. Heute ein obertägig sichtbares Relikt eines Bodendenkmals, handelte es sich

bei diesem Bau einst um eine typische Wall-Holländermühle mit schlankem, viergeschosigem Turm mit niedrigem, kegelförmigem Helm. Im Jahre 1838 errichtet, wurde die Mühle bis gegen Ende dieses Jahrhunderts betrieben. Um 1920 wurde die Mühle niedergelegt; das Müllerhaus existierte länger.[92]

Dormagen
1983 konnten Mitglieder der archäologischen Arbeitsgemeinschaft des ‚Geschichtsvereins für Dormagen, Nievenheim und Zons e.V.' in einer Baugrube in der Dormagener Innenstadt – hier entstand später ein Geschäfts- (damals die Kundenkreditbank / KKB) und Wohnhaus – an der Kölner Straße 118 neben einem Brunnen aus Feldbrandsteinen eine neuzeitliche Abfallgrube untersuchen. Die Grube wurde an der Westwand der bereits ausgeschachteten Grube beobachtet; der Befund war bereits durch den Bagger gestört worden, d. h. es konnte wohl nicht der komplette Inhalt geborgen werden. Die Grube enthielt eine nahezu vollständige, rottonige, innen braun glasierte Milchsatte mit einem Ausguss; der Durchmesser des Gefäßes misst 22 cm, die Höhe beträgt 7 cm. Acht weitere Scherben belegen mindestens drei weitere solcher keramischen Agrargefäße. Ein graublauer, verzierter Steinzeugkrug – wohl im Westerwald produziert – ist nahezu vollständig; lediglich die Halspartie mit dem Rand und der Henkel fehlen. Das Gefäß ist noch 26,5 cm hoch; der Bodendurchmesser beträgt 12,5 cm. Zwei weißtonige bemalte Irdenwareneller stammen aus Frechener Produktion. Ihre Bodendurchmesser betragen 17 cm, die Randdurchmesser 33 cm; die Teller sind 8 cm hoch. Beide Tischgeschirre weisen Spruchdekore auf; ist der

eine unleserlich, so datiert der zweite Schriftzug das entsorgte und bisher unpublizierte Ensemble durch die gut lesbare Jahreszahl ‚1862' in das dritte Viertel des 19. Jahrhunderts. Die restaurierten Funde sind heute als Dauerleihgabe in einer Vitrine vor dem Ratssaal im neuen Dormagener Rathaus zu besichtigen; sowohl die Grabungstätigkeiten als auch die spätere öffentliche Präsentation fanden ihren Niederschlag in der lokalen Presse.[93]

Rheinfeld
Die Rheinaue, auf der die Siedlung Rheinfeld liegt, gilt aus nahe liegenden Gründen als fundarm, sieht man einmal von den wenigen großen und alten Höfen ab, die Befunde und Fundmaterial liefern könnten. Erinnert sei etwa an die im Rahmen der archäologischen Landesaufnahme zwischen 1965 und 1972 im Rahmen einer Ackerprospektion lokalisierte Hofwüstung ‚Walhov', den Vorgängerbau des Walhovener Hofes. Ein weiteres Beispiel ist der Rheinfelder Hof; bei Ausschachtungsarbeiten für ein Einzelhaus wenige Meter östlich dieses Agrarbetriebes und offenbar aus dem ehemaligen Hofgraben stammend konnten 1989 drei Keramikgefäße geborgen werden. Es handelt sich dabei u. a. um eine Randscherbe eines Pingsdorfer Topfes aus dem 13. Jahrhundert. Die Datierung dieses Fundes stimmt zwanglos mit der schriftlichen Überlieferung der Hofstelle überein. Ein zweiter Fund ist das große Fragment eines Siegburger Kruges[94] (auf U 3: hinterer Buchdeckel innen, unten) mit gestrecktem, keulenförmigem Gefäßkörper auf breitem Wellenfuß; in Höhe des Halses setzt der unterrandständige und gekehlte Bandhenkel an. – Wir stellen zudem einen seltenen spät-

neuzeitlichen Fund von einer anderen Fundstelle aus Rheinfeld vor; es handelt sich dabei um einen Sieblöffel,[95] der vergesellschaftet mit Scherbenmaterial – u. a. einem kleinen Randbruchstück Niederrheinischer Irdenware – im Garten eines Privathauses bei flachen Aushubarbeiten in den frühen 1990er Jahren gefunden wurde; vielleicht stammen die Stücke aus einer Abfallgrube. Das komplett erhaltene Artefakt (Abb. 72) wiegt 32 g und ist 30,4 cm lang. Der Griff besteht aus einem gebogenen kräftigen runden Draht, dessen lose Enden an ein rundes, gebogenes und durchlöchertes Blech (Durchmesser 4,5 cm) gelötet sind. Das zentrale Loch im Löffelkörper ist von sechs weiteren Löchern umgeben; das Gerät dürfte einer speziellen Tätigkeit im ländlichen Haushalt gedient haben. Das Fundstück aus Messing (?) ist teilweise grün patiniert; der Griff und der Körper des Löffels sind leicht verbogen.

Zusammenfassung

Die hier vorgelegte Zusammenschau archäologischer Fundstücke und Befunde aus den Jahrtausenden seit dem Ende der Eiszeiten präsentiert die vielfältigen dinglichen Hinterlassenschaften der verschiedenen menschlichen Epochen im Gebiet der heutigen Stadt Dormagen (Rhein-Kreis Neuss) (Abb. 73) am oberen linken Niederrhein. Präsentiert werden die Ergebnisse der wichtigsten Ausgrabungen und besondere Einzelfunde in Auswahl. Berücksichtigung finden alle Stadtteile. Vorgestellt werden Artefakte und Befunde aus der ausklingenden Altsteinzeit (Hackenbroich), der mittleren Steinzeit (Straberg, Broich), der Jungsteinzeit (Delhoven) und der Metallzeiten, also der Bron-

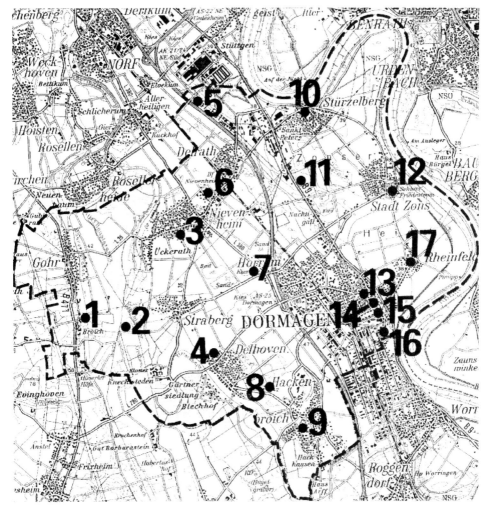

Abb. 73: Kartierung ausgewählter archäologischer Fundplätze im Stadtgebiet Dormagen (gestrichelte Linie): 1 = Broich, Bergerhof („Gohr 6"): mittelsteinzeitliches Jägerlager. 2 = Straberg, Sandweg: borealzeitliches Auerochsenskelett. 3 = Ückerath, Südstraße: Urnengräberfeld der vorrömischen Eisenzeit. 4 = Delhoven, Baugebiet „Gansdahl": Siedlung aus der frühen Latènezeit (Eisenzeit). 5 = Delrath, Stüttger Hof: römische Urnengräbernekropole. 6 = Nievenheim, Dörerweg: römisches Landgut. 7 = Horrem, Horremer Straße / K 12: Wüstung Balgheim. 8 = Delhoven, Hackenbroicher Straße / K 36: jungsteinzeitliche Siedlung. 9 = Hackenbroich, Burgstraße: Burg Hackenbroich. 10 = Stürzelberg, Biesenbachstraße 9-11: spätneuzeitlicher Nebenerwerbshof. 11 = Nachtigall, B 9 / ‚Wahler Berg': spätbronzezeitliche Siedlung mit Friedhof. 12 = Zons, Schloßstraße: Burg Friedestrom. 13 = Dormagen, Florastraße: fränkischer Friedhof. 14 = Dormagen, Kölner Straße: römisches Militärkastell. 15 = Dormagen, Kölner Straße: Pfarrkirche St. Michael. 16 = Dormagen, An der Römerziegelei: kaiserzeitlicher Ziegeleibetrieb. 17 = Rheinfeld, Auf dem Sandberg: spätneuzeitliche Grubenbefund.

ze- (Nachtigall) und der vorrömischen Eisenzeit (St. Peter, Horrem, Delhoven, Ückerath). In der Antike existierte in Dormagen-Mitte ein – mittlerweile gut erforschtes – Militärlager mit zivilem Dorf, Friedhöfen (Zons, Hackenbroich, Delrath, Nievenheim), Landgütern (Nievenheim) usw.; aus dem frühen Mittelalter liegen Beobachtungen zur Präsenz der germanischen Franken (Dormagen, Hackenbroich, Bürgel, Zons, Gohr, Balgheim) vor. Ausgegraben wurde auch eine hochmittelalterliche Siedlung, die später untergegangen war (Balgheim), aber die als Hof bis weit in die Neuzeit existierte; in diese Epoche datieren auch einige Befunde an Dormagener Pfarrkirchen (z.B. Nievenheim). Spätmittelalterlich datiert eine Niederungsburg in Hackenbroich. Umfangreiche Ausgrabungen fanden zudem zu diesem Zeitabschnitt in der Stadtburg Friedestrom in Zons statt. Spätmittelalterlich bis frühneuzeitlich sind ein Latrinenbefund ebenfalls aus der Zonser Burg und ein Grubenbefund aus Stürzelberg. Den Abschluss – Späte Neuzeit – bilden bemerkenswerte Bodenfunde von einem ehemaligen kleinen Nebenerwerbshof ab 1800 in Stürzelberg, Beobachtungen zu der ehemaligen Windmühle in Hackenbroich, ein außergewöhnliches Fundstück aus Rheinfeld, eine Haushaltsgrube aus Dormagen (Kölner Straße) und Befundungen an einem Gohrer Brunnen. Die Bandbreite an archäologisch fassbaren Hinterlassenschaften längst vergangener Zeitläufte und die Erkenntnisse, die aus ihnen gewonnen werden können, sind beeindruckend und zeugen von einer bewegten Historie der hiesigen Gegend. Zukünftige archäologische Untersuchungen könnten weiteres Licht ins Dunkel der Dormagener Geschichte bringen, speziell in die schriftlosen Epochen.

Bildnachweise

Abb. 1a-b: Norbert Grimbach, Die Landschaftsgeschichte von Dormagen (Kreis Neuss). Entstehung und Veränderung von Wirtschaftswiesen, Heide und Niederwald. Dormagen 1993, 17 Abb. 4 (mit unzutreffender Herkunftsangabe!); Fischer 2010 (wie Anm. 2) 15 Abb. 7; **Abb. 2:** Michael Baales, Der spätpaläolithische Fundplatz Kettig. Untersuchungen zur Siedlungsarchäologie der Federmesser-Gruppen am Mittelrhein. Monografien des Römisch-Germanischen Zentralmuseums 51. Mainz 2002, 85 Abb. 39; **Abb. 3:** Brandt 1982 (wie Anm. 3) Tafel 62, 15; **Abb. 4:** Provenienz nicht bekannt; **Abb. 5:** Brandt 1982 (wie Anm. 3) Tafel 61 (oben); **Abb. 6:** Auler 2011 (wie Anm. 4) 52 Abb. 8,1; **Abb. 7:** Brand 1982 (wie Anm. 3) Tafel 101 (unten); **Abb. 8:** Brandt 1982 (wie Anm. 3) Tafel 114 (mittig oben und unten); **Abb. 9:** Foto Sabine Sauer, Bodendenkmalpflege der Stadt Neuss; **Abb. 10:** Ruppel 1990 (wie Anm. 35) Tafel 61c; **Abb. 11:** Werner Kitz, Ostfriesland in den urgeschichtlichen Metallzeiten. Aurich 1994, 51 Abb. 48; **Abb. 12:** Sicherl 1994 (wie Anm. 36) 45 Abb. 2 Nrn. 6-7; **Abb. 13:** Bonner Jahrbücher 193, 1993, 290 Abb. 16; **Abb. 14:** Hans-Eckart Joachim, Bronze- und Eisenzeit. Geschichtlicher Atlas der Rheinlande, Beiheft II/3.1-II/3.4. Köln 1997, 25 Abb. 10 (Detail); **Abb. 15:** Auler 2014 (wie Anm. 38) (in Druck); **Abb. 16-17:** Fotos Jost Auler 2005; **Abb. 18:** Karl-Heinz Knörzer / Renate Gerlach, Geschichte der Nahrungs- und Nutzpflanzen im Rheinland. In: H. Koschik (Hg.), Pflanzenspuren. Archäobotanik im Rheinland: Agrarlandschaft und Nutzpflanzen im Wandel der Zeiten. Materialien zur Bodendenkmalpflege 10. Köln/Bonn 1999, 67-128, hier: 86 Abb. 53-54; **Abb. 19:** Bonner Jahrbücher 200, 2000, 535; **Abb. 20:** Bearbeitete Anlage zum Grabungsbericht: Stephan Kaltwasser / Oliver Ungerath, Technischer Grabungsbericht mit vorläufiger Auswertung. Unpublizierter technischer Grabungsbericht mit vorläufiger Auswertung (21 Seiten). o. O., o. J. (Detail); **Abb. 21:** Angela Simons, Die bronze- und eisenzeitliche Besiedlung in den rheinischen Lössbörden. British Archaeological Reports, International Series 467. Oxford 1989, 116 Abb. 23-24; **Abb. 22:** Christoph Reichmann, Ein mittellatènezeitliches Gehöft bei Grevenbroich-Gustorf, Kreis Neuss. In: Beiträge zur Urgeschichte des Rheinlandes 3. Rheinische Ausgrabungen 19, 1979, 561-599, hier 591 Abb. 17; **Abb. 23:** Foto Jost Auler 2004; **Abb. 24:** Knörzer / Gerlach 1999 (s. o. beim Abbildungsnachweis 18) 86 Abb. 55; **Abb. 25:** Archäologische Informationen 1/2, 2005, 55 Abb. 4; **Abb. 26:** Bonner Jahrbücher 177, 1977, 696 Abb. 14,1; **Abb. 27:** Gechter 1993 (wie Anm. 42) 66 Abb. 50; **Abb. 28-29:** Christof Flügel, Welterbe Limes im Museum. In: Der Limes als UNESCO-Welterbe. Beiträge zum Welterbe Limes 1. Stuttgart 2008, 69-79, hier. 77 Abb. 12 und 75 Abb. 9; **Abb. 30:** Geschichte mit Pfiff 10, 2005, 28; **Abb. 31:**

Foto: Jost Auler, Juni 2009; **Abb. 32:** Bonner Jahrbuch 200, 2000, 548 Abb. 28; **Abb. 33:** Markus Junkelmann, Die Reiter Roms 1. Reise, Jagd, Triumph und Circusrennen. Mainz 2008, 177, 178 Abb. 177; **Abb. 34:** Geschichte 1, 2010, 24; **Abb. 35:** Müller 1979 (wie Anm. 6) Tafel 1; **Abb. 36:** Schwabach 2000 (wie Anm. 50) 67; **Abb. 37:** Jost Auler, Das römische Urnengräberfeld von Zons, Kreis Neuss. Blätter zur Geschichte von Zons und Stürzelberg 2, 1984, 6-17 hier 6 Abb. 2; **Abb. 38:** Foto: Jost Auler 1989; **Abb. 39:** Bechert 1980 (wie Anm. 54) Tafel 39 oben; **Abb. 40:** Foto: Jost Auler 1998; **Abb. 41:** Bös 1962 (wie Anm. 56) 393 Abb. 2; **Abb. 42-43:** Müller (wie Anm. 9) 207 Abb. 5 und 209 Abb. 6; **Abb. 44:** Provenienz nicht bekannt; **Abb. 45:** Fischer 2000 (wie Anm. 61) 261; **Abb. 46:** nowakteufelknyrim, Archäologisches Museum Haus Bürgel. 2000 Jahre Haus Bürgel. Paper o. O., o. J. (15 Seiten); **Abb. 47:** Keller (wie Anm. 65) 77 Abb. 58; **Abb. 48:** Siegmund (wie Anm. 12) Tafel 60 unten rechts und links; **Abb. 49:** Siegmund (wie Anm. 12) Tafel 62 unten rechts; **Abb. 50-51:** Siegmund (wie Anm. 12) Tafel 263 und 264; **Abb. 52:** Siegmund (wie Anm. 12) Tafel 61; **Abb. 53-54:** Siegmund (wie Anm. 12) Tafel 255, 3-5, 1; **Abb. 55:** Jule. Rheinisches Landesmuseum Bonn. Das Magazin für junge Leute 1, 2003, 8 unten; **Abb. 56-58:** Francke 1996 (wie Anm. 13) 77 oben, 81 und 86; **Abb. 59:** Auler 1998 (wie Anm. 78) 269 Abb. 3; **Abb. 60-61:** Gechter-Jones 1996 (wie Anm. 14) 96 und 100; **Abb. 62:** Klaus Grote, Die Niederungsburg (Motte) von Bernshausen am Seeburger See. In: Archäologie Land Niedersachsen. 400.000 Jahre Geschichte. Stuttgart 2004, 571-574 hier 573 Abb. 4; **Abb. 63:** Auler 2002b (wie Anm. 20) 42 Abb. 13; **Abb. 64:** Auler 2002b (wie Anm. 20) 41 Abb. 10; **Abb. 65:** Roehmer 1998 (wie Anm. 81) Beilage 1,1; **Abb. 66:** Roehmer 1998 (wie Anm. 81) Tafel 21 Nr. 109; **Abb. 67-69:** Fotos Jost Auler; **Abb. 70:** Thomas Schwabach, Die Entwicklung des Zieglergewerbes in Zons (15. – 20. Jahrhundert) mit ausführlicher Darstellung der allgemeinen Entwicklung des Gewerbezweiges. Zeitsprünge. Dormagen von der Steinzeit bis zur Gegenwart 3, 2004, 41 Tafel 2 unten; **Abb. 71:** Foto: Jost Auler, 1989; **Abb. 72:** Auler 1994 (wie Anm. 18) 21 Abb. 6; **Abb. 73:** Kartierung: Jost Auler.

Anmerkungen

[1] Dieses Buch ist meinen Töchtern Henrike Puderbach (* 20. März 1997) und Neeske Auler (* 31. März 2000) gewidmet; den letzten formalen Schliff am Manuskript verdankt der Autor wieder einmal Neeskes Mutter, OStR' Petra Hiller (Dormagen), und den inhaltlichen der Stadtarchäologin Sabine Sauer M. A., Amt für Stadtplanung (Bodendenkmalpflege) Neuss, und Dr. Karin Striewe, Neuss. Ergänzungen und Korrekturen zum Kapitel ‚Geologie' verdankt der Verfasser Dr. Alexandra Hilgers, Verviers / Belgien, die in St. Peter aufgewachsen ist.

[2] Wolfgang Boenigk / Manfred Frechen, The Pliocene and Quaternary fluvial archives of the Rhine system. Quarternary Science Reviews 25, 2006, 550-574; Karl Brunnacker, Neuere Ergebnisse über das Quartär am Mittel- und Niederrhein. Fortschritte in der Geologie von Rheinland und Westfalen 28, 1978a, 111-122; ders., Gliederung und Stratigraphie der Quartärterrassen am Niederrhein. In: H. Bremer / K.-H. Pfeffer (Hrsg.), Zur Landschaftsentwicklung der Eifel. Kölner Geographische Arbeiten 36, 1978b, 37-58; Peter Fischer, Zur mittel- und jungquartären Relief- und Bodenentwicklung der nordwestlichen Kölner Bucht. Detailuntersuchungen der lössbedeckten Mittelterrassenlandschaft. Dissertation Köln 2010; Alexandra Hilgers / Julian Warren / Ulrich Radtke, Binnendünen im Wandel der Zeit. Rekonstruktion der jungquartären Klima- und Landschaftsgeschichte im Raum Dormagen mittels Lumineszenzdatierung der Dünen ‚Wahler Berg' und ‚Nievenheim'. Natur am Niederrhein 27, 2012, 3-16; Wolfgang Schirmer, Flussgeschichte um Düsseldorf. In: W. Schirmer (Hrsg.), Rheingeschichte zwischen Mosel und Maas. Deuqua-Führer 1. Hannover 1990, 228-241.

[3] Johanna Brandt, Kreis Neuss. Archäologische Funde und Denkmale des Rheinlandes 4. Köln/Bonn 1982.

[4] Zuletzt: Jost Auler, Auerochsenjäger auf der Dormagener Niederterrasse (Rhein-Kreis Neuss). In: Archiv und Erinnerung im Rhein-Kreis Neuss. Festschrift Karl Emsbach. Neuss 2011, 43-63.

[5] Siehe Anm. 38 und 40.

[6] Gustav Müller, Ausgrabungen in Dormagen 1963-1977. Rheinische Ausgrabungen 20. Köln / Bonn 1979.

[7] Michael Gechter, Der römische Truppenstandort Durnomagus in der Germania Inferior. Belgian Archaeology in a European Setting I. Acta Archaeologica Lovaniensia Monographiae 12. Leuven 2001, 31-40.

[8] Michael Gechter, Die Römische Villa von Nievenheim. In: Nievenheim. Die Geschichte des Kirchspiels, der Bürgermeisterei und des Amtes von den Anfängen bis zur Gegenwart. Dormagen 1996, 63-72.

[9] Gustav Müller, Römische Brandgräber mit Truhenresten aus Hackenbroich,

Kreis Grevenbroich. In: Beiträge zur Archäologie des römischen Rheinlands II. Rheinische Ausgrabungen 10. Düsseldorf 1971, 200-218.

[10] Zuletzt: Jost Auler, Scheiterhaufen, Graburnen und Knochenbrand. Zu frühkaiserzeitlichen römischen Bestattungen eines Militärlagers an der Deichstraße in Zons. Jahrbuch für den Rhein-Kreis Neuss 2009 (2008) 8-15.

[11] Jost Auler, Ala I Noricorum civium Romanorum. Zur Geschichte der römischen Reitereinheit aus Dormagen. Geschichte in Köln 60, 2013, 199-210.

[12] Frank Siegmund, Merowingerzeit am Niederrhein. Die frühmittelalterlichen Funde aus dem Regierungsbezirk Düsseldorf und dem Kreis Heinsberg. Rheinische Ausgrabungen 34. Köln / Bonn 1998.

[13] Ursula Francke, Mittelalterliche und frühneuzeitliche Hofwüstungen bei Nievenheim am Beispiel der Ausgrabung „Balgheimer Hof". In: Nievenheim. Die Geschichte des Kirchspiels, der Bürgermeisterei und des Amtes von den Anfängen bis zur Gegenwart. Dormagen 1996, 73-91.

[14] Jennifer Gechter-Jones, Neue archäologische Erkenntnisse zur Baugeschichte der Pfarrkirche St. Pankratius. In: Nievenheim. Die Geschichte des Kirchspiels, der Bürgermeisterei und des Amtes von den Anfängen bis zur Gegenwart. Dormagen 1996, 93-108.

[15] Günther Binding, Ausgrabungen in der Kirche St. Michael zu Dormagen, Kreis Neuss. Beiträge zur Archäologie des Mittelalters 3. Rheinische Ausgrabungen 25. Köln / Bonn 1984.

[16] Jost Auler, Vom Quarzitgerät bis zur Feldbrandziegelei. Archäologische Funde und Fundplätze im Stadtgebiet von Dormagen, Kreis Neuss, im Überblick. Almanach für den Kreis Neuss 1988, 49-61; ders., Geschichte der archäologischen Forschung im Gebiet um Dormagen - Ein Abriss. Almanach für den Kreis Neuss 1990, 56-69.

[17] Jost Auler, Ur- und frühgeschichtliche Funde und Fundstellen im Gebiet um Zons und Stürzelberg, Kreis Neuss. Blätter zur Geschichte von Zons und Stürzelberg 3, 1985, 4-26. Ders., Betrachtungen zur urgeschichtlichen Besiedlungsgeschichte der Dünenzüge im Zonser Gebiet. Almanach für den Kreis Neuss 1987, 88-97.

[18] Jost Auler, Rheinfeld in schriftloser Zeit. In: E. Breimann, Rheinfeld. Geschichte und Geschichten. Dormagen 1994, 13-21.

[19] Jost Auler, Archäologische Funde aus Dormagen-Delrath. Ein Überblick. In: G. Blank, Delrather Zeitreise 1931-1960. o. O. (Dormagen) 1999, 5-13.

[20] Jost Auler, Stein- und metallzeitliche Befunde und Funde aus Hackenbroich und Umgebung. In: Dorfgeschichte(n). Hackenbroich, Hackhausen, Delhoven. Dormagen 2002a, 13-29; ders., Römerzeit, Mittelalter und Neuzeit um Hackenbroich im Spiegel archäologischer Funde. In: Dorfgeschichte(n). Hackenbroich, Hackhausen, Delhoven. Dormagen 2002b, 30-50.

[21] Jost Auler, Archäologie rund um Gohr und Broich. Zeitsprünge. Dormagen

von der Steinzeit bis zur Gegenwart 4, 2004, 5-29.

[22] Jost Auler, Bodenfunde in und um Dormagen-Horrem. In: 850 Jahre Horrem. Ein Buch voller Geschichte(n). o. O. 2005, 37-46.

[23] Jost Auler, Funde und Befunde in und um Dormagen-Straberg. Eine illustrierte archäologische Gebietsaufnahme. Jahrbuch für den Rhein-Kreis Neuss 2008 (2007) 8-19.

[24] Jennifer Gechter-Jones, Vorgeschichte (bis 54/53 v. Chr.). In: Nievenheim. Die Geschichte des Kirchspiels, der Bürgermeisterei und des Amtes von den Anfängen bis zur Gegenwart. Dormagen 1996, 27-42; Michael Gechter, Römische Zeit. In: Nievenheim. Die Geschichte des Kirchspiels, der Bürgermeisterei und des Amtes von den Anfängen bis zur Gegenwart. Dormagen 1996, 43-53; ders., Frühmittelalterliche Besiedlung. In: Nievenheim. Die Geschichte des Kirchspiels, der Bürgermeisterei und des Amtes von den Anfängen bis zur Gegenwart. Dormagen 1996, 55-62.

[25] Brandt 1982 (wie Anm. 3) 138-139 und Tafel 62 Nr. 15 (,Hackenbroich 36').

[26] Jost Auler, Ein borealzeitliches Auerochsen-Skelett vom Niederrhein (Stadt Dormagen, Kreis Neuss, Reg.-Bez. Düsseldorf). Praehistorische Zeitschrift 2, 1995, 159-174.

[27] Einer der Großknochen scheint Verbissspuren eines Prädatoren (Wolf?) aufzuweisen; freundliche mündliche Mitteilung von Dr. Birgit Gehlen (Kerpen / Eifel) und Nadine Nolde M.A. (Köln) im Februar 2014.

[28] Als Beispiel sei ein Platz bei Delhoven genannt: Brandt 1982 (wie Anm. 3) 138 und Tafel 61 (Hackenbroich 5).

[29] Auler 2011 (wie Anm. 4); ders., Ein Fundplatz der Rhein-Maas-Schelde-Kultur bei Gohr-Broich (Stadt Dormagen, Kreis Neuss). Düsseldorfer Jahrbuch 70, 1999, 289-302.

[30] Brandt 1982 (wie Anm. 3) 139-140 und Tafel 101, 18-25 (,Hackenbroich 29').

[31] Jost Auler, Michelsberger Funde von der Hannepützheide bei Zons/Stürzelberg, Kreis Neuss. Archäologisches Korrespondenzblatt 4, 1985, 425-429; kritisch dazu: Sabine Sauer, Zur vorgeschichtlichen Besiedlung des Kreises Neuss. In: Karlheinz Peiffer, Ausgrabungen und prähistorische Funde im Grevenbroicher Raum. o. O., o. J. (Grevenbroich 1990) 8-23 hier 15 Anm. 25.

[32] Gustav Müller, Durnomagus. Das römische Dormagen. Köln / Bonn 1979, 63-64; das hier postulierte Erdwerk ist nicht mehr Stand der Forschung.

[33] Jost Auler / Sabine Sauer, Eine bronzezeitliche Beilklinge aus Straberg. Archäologie im Rheinland 2000 (2001) 52.

[34] Jost Auler / Sabine Sauer, Fragment einer bronzenen Absatzbeilklinge von der Niederterrasse des Rheines. Archäologie im Rheinland 2002 (2003) 64.

[35] Thomas Ruppel, Die Urnenfelderzeit in der Niederrheinischen Bucht. Rheinische Ausgrabungen 30. Köln 1990, 101-102 und Tafel 61c.
[36] Bernhard Sicherl, Eine urnenfelderzeitliche Fundstelle am Wahler Berg. In: Fund und Deutung. Neuere archäologische Forschungen im Kreis Neuss. Neuss 1994, 42-49.
[37] Bonner Jahrbücher 193, 1993, 289 Nr. 4 und 290 Abb. 16.
[38] Jost Auler, Ein früheisenzeitliches Gehöft nahe Dormagen-St. Peter. Der Niederrhein. Zeitschrift für Heimatpflege und Wandern 3, 2005, 147-151; ders., Eine Hofstelle der Älteren vorrömischen Eisenzeit mit botanischen Resten von Dormagen-St. Peter, Rhein-Kreis Neuss. Natur am Niederrhein 2014 (in Druck).
[39] Bonner Jahrbücher 200, 2000, 535 Nr. 3 und Abb. 16.
[40] Jost Auler, Eine Siedlung der frühen Latènezeit mit Hausspuren bei Dormagen-Delhoven, Rhein-Kreis Neuss. Jahrbuch für den Rhein-Kreis Neuss 2015 (2014) (In Druck).
[41] Bonner Jahrbücher 177, 1977, 694, 696 Abb. 14,1.
[42] Michael Gechter, Römisches Ziegeleigelände in Dormagen. Archäologie im Rheinland 1992, 1993, 66-67.
[43] Andreas Immenkamp, Rekonstruktion eines römischen Militärziegelofens aus Dormagen. Archäologie im Rheinland 2009, 2010, 75-77.
[44] Müller (Anm. 6); Gechter (Anm. 7).
[45] Von überregionaler Bedeutung sind die Dormagener Befunde zur Architektur der Pferdeställe; siehe Gechter 2001 (wie Anm. 7) 33.
[46] Paul Marco Hardy, Das mittelkaiserliche Alenlager von Dormagen. Dissertation Frankfurt am Main (In Vorbereitung).
[47] Michael Gechter, Das spätantike Kastell Dormagen. Archäologie im Rheinland 1997, 1998, 93-94; Thomas Becker, Das spätrömische Kastell Durnomagus / Dormagen. Dissertation Freiburg im Breisgau (In Vorbereitung).
[48] Auler 2013 (wie Anm. 11).
[49] Müller 1979 (wie Anm. 32) 32; Jost Auler / Petra Tutlies, Die Dormagener Mithrassteine und die Bedeutung des Mithraskultes für die Römer am Rhein. Dormagener historische Beiträge 1, 1992, 13-33.
[50] Thomas Schwabach, Zum Nachlass und zur Sammlung der Dormagener „Altertumssammler" Johann Peter und Jakob Delhoven. Jahrbuch für den Kreis Neuss 2001. Neuss 2000, 60-77, bes. 69-71.
[51] Gechter 2001 (wie Anm. 7) 32-33 mit Anm. 7-8.
[52] Auler 2008 (wie Anm. 10); ders., Ein frühkaiserzeitliches Gräberfeld in Zons, Kreis Neuss. Archäologische Informationen 2, 1986, 137-143.
[53] Hans Seeling, Constantin Koenen (1854-1929). Leben und Werk des Archäologen. Neuss 1984.
[54] Tilmann Bechert, Zur Terminologie provinzialrömischer Brandgräber. Ar-

chäologisches Korrespondenzblatt10, 1980, 253-258.

[55] Gilbert Soeters / Markus Trier, Ein römischer Bestattungsplatz beim Stüttgerhof in Nievenheim. Archäologie im Rheinland 1998, 1999, 70-72.

[56] Matthias Bös, Eine Gruppe römischer Brandgräber aus Nievenheim, Kreis Neuss. Bonner Jahrbücher 162, 1962, 391-396.

[57] Die Tegula ist ein rechteckiger, flacher Dachziegel mit hochgezogenen Leisten an den beiden Längsseiten. Verlegt auf dem Dach stoßen die seitlichen Leisten zweier nebeneinander liegender Tegulae aneinander; zur Abdichtung dieser Leistenziegel wird eine halbröhrenförmige Imbrex (Plural: Imbrices) über die Stoßfuge gelegt.

[58] Siehe Bechert 1980 (wie Anm. 54).

[59] Müller 1971 (wie Anm. 9).

[60] Müller 1979 (wie Anm. 9) 140-157; Gechter 1996 (wie Anm. 8).

[61] Zuletzt: Thomas Fischer, Neue Forschungen im spätrömischen Kastell ‚Haus Bürgel'. In: Fundort Nordrhein-Westfalen. Millionen Jahre Geschichte. Mainz 2000. 261-263; Michael Gechter, Neufunde aus Haus Bürgel. Archäologie im Rheinland 2003, 2004, 81-83; siehe auch: Jost Auler, Archäologisches Museum Haus Bürgel. Betrachtungen zur Situation des Raumes Dormagen in der Römerzeit. Jahrbuch für den Rhein-Kreis Neuss 2006 (2005) 8-15. Erst nach Manuskriptabschluss wurde Verf. bekannt: Michael Gechter, Die archäologische Erforschung von Haus Bürgel. In: Haus Bürgel in Monheim am Rhein. Rheinische Kunststätten 517. Neuss 2010, 14-23.

[62] Zur Frage der Kontinuität zwischen dem Ende der römischen Herrschaft und der fränkischen Landnahme im 4. bis 6. Jahrhundert siehe: Hans Georg Kirchhoff, Römisch-fränkische Kontinuität im Raum Dormagen und Zons. Blätter zur Geschichte von Zons und Stürzelberg 10, 2005, 41-50.

[63] Thomas Becker, Merowinger in römischem Kastell? Archäologie in Deutschland 5, 2007, 45.

[64] Zu dieser Problematik aktuell: Marion Roehmer, Hier Zons – hier Bürgel. Zur Frage des gegenseitigen Abhängigkeitsverhältnisses der Kirchen von Zons und Bürgel im Mittelalter. In: Archiv und Erinnerung im Rhein-Kreis Neuss. Festschrift für Dr. Karl Emsbach. Neuss 2011, 283-290.

[65] Christoph Keller, Fränkische Siedler bei Hackenbroich. Archäologie im Rheinland 2001, 2002, 76-78.

[66] Siegmund 1998 (wie Anm. 12) 282.

[67] Siegmund 1998 (wie Anm. 12) 209 Abb. 82.

[68] Siegmund 1998 (wie Anm. 12) 284-285.

[69] Richard Knipping (Bearb.), Die Regesten der Erzbischöfe von Köln im Mittelalter 3: 1205-1304. Bonn 1913, 219 Nr. 1584.

[70] J. H. Schleifring, Dormagen, Kr. Neuss. Bonner Jahrbücher 189, 1989, 419-422.

[71] Siegmund (wie Anm. 12) 282-284; Binding 1984 (wie Anm. 15).
[72] Siegmund (wie Anm. 12) 470-471; ders., Die merowingerzeitlichen Funde aus Burg Friedestrom in Zons. In: Marion Roehmer, Burg Friedestrom in Zons. Mittelalterliche Keramik und Baubefunde einer rheinischen Zollfestung. Rheinische Ausgrabungen 42. Köln / Bonn 1998, 177-180.
[73] Siegmund 1998 (wie Anm. 72) 180.
[74] Siegmund (wie Anm. 12) 301.
[75] Alle im folgenden Text genannten Stellen- und Hausnummern, die sich auf die Grabung Balgheim beziehen, finden sich auf unserer Abb. 56 kartiert; zur Grabung siehe Anm. 13.
[76] Ursula Francke, Zwei Brunnen aus Nievenheim. Archäologie im Rheinland 1996, 1997, 130-131.
[77] Walter Lorenz, Gohr, Nievenheim, Straberg. Quellen zur Geschichte des Amtes Nievenheim, seiner Bewohner und Siedlungen 1. Köln 1973, 10; ders., Gohr, Nievenheim, Straberg. Quellen zur Geschichte des Amtes Nievenheim, seiner Bewohner und Siedlungen 2. Köln 1974. – Der zweite Band bietet ein Register (257-344), das alle gelisteten Schriftquellen für Balgheim (260) erschließt.
[78] Historisches Archiv der Erzdiözese Köln, Karten ‚C 86' (Matthiam Emans und Adolfen Caumans 1742); siehe hierzu: Jost Auler, Archäologie und historische Kartographie am Beispiel des Klein-Balgheimer Hofes im Kreis Neuss. Düsseldorfer Jahrbuch 69, 1998, 263-278.
[79] Jennifer Gechter-Jones 1996 (wie Anm. 14).
[80] Auler 2002b (wie Anm. 20) 40-42. Brigitte Janssen / Walter Janssen, Burgen, Schlösser und Hofesfesten im Kreis Neuss. Neuss 1985, 213-215.
[81] Marion Roehmer, Burg Friedestrom in Zons. Mittelalterliche Keramik und Baubefunde einer rheinischen Zollfestung. Rheinische Ausgrabungen 42. Köln / Bonn 1998.
[82] Aenne Hansmann, Geschichte von Stadt und Amt Zons. Düsseldorf 1973, 15-18.
[83] Arie J. Kalis / Jutta Meurers-Balke (Hrsg.), 7000 Jahre bäuerliche Landschaft. Entstehung, Erforschung, Erhaltung. Zwanzig Aufsätze zu Ehren von Karl-Heinz Knörzer. Festschrift für Karl-Heinz Knörzer. Archaeo-Physika 13. Bonn 1993; Karl-Heinz Knörzer, Geschichte der synanthropen Flora im Niederrheingebiet. Pflanzenfunde aus archäologischen Ausgrabungen. Mit Beiträgen von Arie J. Kalis, Jutta Meurers-Balke, Ursula Tegtmeier. Rheinische Ausgrabungen 61. Darmstadt 2007.
[84] Karl-Heinz Knörzer, Pflanzenfunde in einer spätmittelalterlichen Latrine in Zons. Archäologie im Rheinland 1987, 1988, 138-140; zum Latrinenbefund siehe auch: Roehmer 1998 (wie Anm. 81) 46-51.

[85] Schaufenster vom 9. Juni 2007; Landschaftsverband Rheinland, Rheinisches Amt für Bodendenkmalpflege (Bonn), Außenstelle Overath: Aktivitätsnummer OV 2007/54.

[86] Das ältere Wohnhaus (Hausnummer 11) datiert dendrochronologisch in die Mitte der 1820er Jahre, das jüngere (Hausnummer 9) – ebenso naturwissenschaftlich datiert – wohl kurz vor 1850.

[87] Jost Auler / Petra Hiller, Milchsatten, Ziegenknochen und ein Darrenfragment – (Boden)funde von einem historischen Nebenerwerbshof in Dormagen-Stürzelberg. Der Niederrhein. Zeitschrift für Heimatpflege und Wandern 1, 2014a, 16-23; dies. Milchsatten, Ziegenknochen und ein Darrenfragment – (Boden)funde von einem historischen Nebenerwerbshof in Dormagen-Stürzelberg. Teil 2. Der Niederrhein. Zeitschrift für Heimatpflege und Wandern 2, 2014b, 59-63.

[88] Von überregionaler Bedeutung ist der Fund eines singulären Spangenkinderschuhes. Es handelt sich um einen „concealed shoe", also eine Schuhdeponierung, allerdings nicht um einen archäologischen Bodenfund; siehe hierzu: Jost Auler / Petra Hiller, Ein Kinderschuh des 19. Jahrhunderts aus Dormagen-Stürzelberg, Rhein-Kreis Neuss. In: Archiv und Erinnerung im Rhein-Kreis Neuss. Festschrift für Dr. Karl Emsbach. Neuss 2011, 65-73.

[89] Auler / Hiller 2014a (wie Anm. 87) 21 und ebenda Abb. 12.

[90] Jost Auler, Der Brunnen einer neuzeitlichen Feldbrandziegelei bei Dormagen-Gohr, Broich. Archäologie im Rheinland 1989, 1990, 201-203.

[91] Jost Auler / Volker Helten, Niedermoore und Torfabbau östlich von Broich und Gohr. Zeitsprünge. Dormagen von der Steinzeit bis zur Gegenwart 4, 2004, 30-38.

[92] Karl Emsbach, Windmühlen im Kreis Neuss. Neuss 1990, 35-36.

[93] Neuss-Grevenbroicher Zeitung vom 12. März 1983 und 11. März 1998; Rheinischer Anzeiger vom 17. März 1983 und 04. Mai 2011; Schaufenster vom 26. April 2011.

[94] Auler 1994 (wie Anm. 18) 18.

[95] Ebenda 19-21.